0~36 개월

DEP
조기중재 교육과정

1 매뉴얼

서소정 · 장혜성 · 하지영 공저

학지사

본 DEP 조기중재 교육과정은
경기도장애인종합복지관의 연구비 지원을 받아 간행되었습니다.

저·자·서·문

장애위험 영아를 조기에 선별하는 것과, 또 장애진단을 받은 영아의 발달수준을 정확하게 파악하여 적기에 중재교육을 제공하는 것은 매우 중요한 일입니다. 그러나 현재 우리나라에서 장애위험 영아를 선별(screen) 및 평가(assess)하기 위해 사용하고 있는 대부분의 도구는 아쉽게도 외국에서 개발한 것을 그대로 번역한 경우가 많습니다. 아울러 장애위험 영아와 장애영아를 위한 조기중재 교육과정 또한 외국 프로그램을 번역한 후 일부 내용만 수정 · 보완한 것을 사용하고 있는 실정입니다. 이에 우리나라 영아에게 적합한 선별 · 교육진단 도구의 개발 및 이와 연계한 통합적 조기중재 교육과정 개발이 절실하였습니다.

본 DEP 조기중재 교육과정은 2006~2007년도 2년(Phase I)간에 걸쳐 이루어진 '영아선별 · 교육진단검사의 개발' 연구와 연계하여, 단순히 영아의 현행 발달수준을 선별 또는 평가하는 것에서 나아가 선별결과에 기초해 보다 효과적인 조기중재로 이어질 수 있도록 이후 2008~2009년도 2년(Phase II)간, 총 4년이라는 긴 연구기간을 거쳐 완성된 것입니다.

본 DEP 조기중재 교육과정은 출생에서 36개월까지를 총 8개 월령단계로 구분하여 발달의 제 영역에 관련된 교육내용을 담았으며, 크게 다음과 같이 세 가지 차원의 개발목적을 설정하였습니다. 첫째, 장애위험 영아의 객관적이고 정확한 선별검사를 통한 결과에 기초하여 통합적이고 총체적인 발달적 지원을 제공함으로써 이후 이들이 심각한 장애로 이어질 수 있는 가능성을 줄이고자 합니다. 둘째, 이미 장애진단을 받은 영아를 위해 보다 체계적이고 효과적인 조기중재 지원을 제공하고자 합니다. 즉, DEP 조기중재 교육과정은 장애영아와 장애위험 영아가 취약한 부분인 영역의 발달을 촉진할 수 있는 구체적 지침을 제공하고 있습니다. 셋째, DEP 선별검사 결과에 기초하여 영아교육 및 보육 현장과 가정에서 일반 개별 영아의 개인 내 발달영역의 강점 및 약점을 파악함으로써 보다 효과적으로 지원하고자 합니다.

본 DEP 조기중재 교육과정 개발절차는 다음과 같습니다. 1, 2차년도 영아선별 · 교육진단검사(DEP) 개발의 후속작업으로 3차년도에는 영아선별 · 교육진단검사(DEP)와 동일한 6개 영역, 344개 문항에 대해 교육과정 프로그램을 개발하였습니다. 그 후 영유아발달 및 장애영아 특수교육 관련 전문가로부터 교육과정 전반에 관한 내용타당도를 검증받았습니다. 4차년도에는 장애진단을 받지는 않았지만 장애로 발전할 위험이 있는 영아와 이미 장애진단을 받은 영아를 대상으로 하여 어린이집과 장애인복지관 담당 교사가 16주간에 걸쳐 중재 교육프로그램을 실시함으로써 DEP 조기중재 교육과정의 효과성을 검증하고, 또 수정 · 보완할 내용에 대한 자문을 하였습니다. 또한 지체장애, 청각장애, 시각장애 전문가 및 영아발달 전문가로부터 교육과정 전반에 관한 자문을 두 차례 추가로 받은 후 최종 보완하여 완성하였습니다.

본 DEP 조기중재 교육과정은 총 7권으로 매뉴얼, 대근육 운동기술, 소근육 운동기술, 의사소통, 사회정서, 인지, 기본생활 편으로 구성되어 있습니다. 그리고 전체적인 DEP 조기중재 교육과정은 목표행동 성취의 중요성, 자료, 목표행동 성취를 위한 단계적 지도과정, 일상생활에서의 지도과정, 고려사항, 목표행동 성취 기준에 관한 내용으로 구성되어 있습니다.

본 DEP 조기중재 교육과정이 개발될 수 있도록 그동안 자문을 해 주신 여러 전문가 명단(가나다순)은 다음과 같습니다. 강주희(한빛맹학교 특수교사), 김미숙(양천장애인복지관 특수교사), 김미정(다운복지관 물리치료사), 김상진(전 서울장애인복지관 작업치료사), 김수경(곡교어린이집 언어치료사), 김영란(이화여자대학교 언어병

리학 박사과정), 김은혜(강동구보육정보센터 장애아통합 순회자문교사), 김진희(강남구립 청담어린이집 교사), 명경미(한국우진학교 특수교사), 민정화(강남구보육정보센터 보육전문요원), 박경아(서울농학교 특수교사), 송영희(양천장애인복지관 특수교사), 신세희(국방부청사어린이집 교사), 안미영(강남구립 청수어린이집 교사), 유미희(다운복지관 특수교사), 이소영(이화여자대학교 특수교육과 박사과정), 이하나(강남구립 청담어린이집 교사), 전미선(강남구립 청담어린이집 교사), 정수진(군포시립 고은어린이집 교사), 정은진(한빛맹학교 특수교사), 조은숙(동광어린이집 교사), 차은정(동대문구립 이문어린이집 교사), 최은정(명장어린이집 교사), 최한나(동대문구립 이문어린이집 교사), 탁은정(한국사회서비스관리원), 황지영(강남구보육정보센터 보육전문요원) 님께 지면을 빌려 다시 한 번 감사드립니다.

마지막으로 본 검사도구 및 교육과정 개발을 위해 4년 동안 꾸준하게 연구지원을 해 주신 경기도장애인종합복지관에 깊은 감사를 드립니다. 지난 4년간 경기도장애인종합복지관의 전폭적인 지원이 없었다면 DEP 검사도구 개발은 물론 이와 연계한 교육과정 개발은 불가능했을 것입니다. DEP 조기중재 교육과정이 현장 교사와 부모에게 영아의 현행 발달수준을 손쉽게 파악하도록 도와주고, 또 개별 영아에게 적절한 조기중재 프로그램을 지원할 수 있는 기초 자료로서 유용하게 활용될 수 있기를 기대합니다.

2010년 6월

저자 일동

후 · 원 · 의 · 글

예방적 복지를 향한 시금석이 되기를

지난 2006년 '영아선별 · 교육진단검사의 개발 및 연구'를 시작한 이후 벌써 4년이 지났습니다. 이 연구는 영아선별 · 교육진단검사(DEP)와 검사 후 조기중재 교육과정을 연계하여서 지도하기 위한 DEP 조기중재 교육과정의 개발을 가능하게 했습니다. DEP는 발달이 지체되거나 어려움을 겪는 영아를 조기 선별하여 적절한 시기에 조기개입하여 발달을 지원할 수 있다는 측면에서 커다란 의의가 있습니다.

국내에는 장애위험 영아와 장애영아를 위한 조기중재 교육과정이나 이와 관련한 진단검사도구가 전무한 실정이어서 그동안 외국에서 개발된 도구를 사용할 수밖에 없었고, 이에 따라 한국의 사회-문화적 특성이나 욕구를 반영하지 못하는 한계가 있었습니다. 이렇게 장애영아에 대한 조기 선별이나 교육진단검사의 부재는 우리에게 너무나도 절박한 과제였습니다. 이에 저희 복지관 내에 다양한 연구과제 가운데 특별히 DEP 개발에 관한 제안서에 적극적으로 공감하여 지원을 결정하였고 이제 오랜 산고 끝에 한국형 DEP를 개발함으로써 결실을 맺게 되었습니다.

장애영아의 발달 문제는 조기 선별하고, 조기 개입과 지원을 통하여 예방하고 최소화할 수 있습니다. 한국형 DEP는 0~36개월의 영아의 다양한 움직임과 발달상태를 관찰, 평가함으로써 영아가 적절한 발달과정을 밟고 있는지, 아니면 발달이 지체되는지 등 장애 진행 여부를 평가하고 선별해 낼 수 있는 유용한 진단검사도구입니다. 또한 같은 연령대의 영아에 비해 어느 정도 발달이 늦는지 측정이 가능하고 담당 교사나 치료사, 부모 모두에게 좋은 길잡이가 되는 진단검사도구가 될 것입니다. 나아가 영아의 발달지체를 조기에 발견하고 조기 개입 및 지원하는 것은 아동발달의 촉진만이 아니라 가족 구성원의 이해와 성장에도 많은 도움이 될 것입니다.

DEP 조기중재 교육과정을 통하여 장애 조기 발견과 개입, 지원 프로그램의 개발과 실행이 이루어져 우리 사회의 장애인 복지 증진과 발전에 조금이나마 보탬이 되었으면 합니다. 또한 DEP가 장애영아를 가진 부모님과 장애인복지관, 영유아 장애인 생활시설, 그리고 특수학교 등에서 적극적으로 활용됨으로써 더욱 적절한 개입프로그램의 개발과 참여로 예방적 복지 실현의 시금석이 되기를 바랍니다.

마지막으로 인내를 가지고 꾸준하게 DEP 조기중재 교육과정 개발을 위해 애쓰신 가톨릭대학교 특수교육과 장혜성 교수님, 경희대학교 생활과학대학 아동가족학과 서소정 교수님, 그리고 경희대학교 대학원 하지영 선생님께 거듭 감사의 마음을 전합니다. 아울러 이 책이 출판될 수 있도록 기꺼이 도움을 주신 학지사 김진환 사장님과 편집부 여러분에게도 감사를 드립니다.

2010년 6월

경기도장애인종합복지관장 최영

일러두기

- 부모는 DEP 검사(장혜성, 서소정, 하지영, 2008)를 통한 교육과정 지도 시 우선적인 목표행동을 찾기 어려울 수 있으므로, 목표행동을 선정할 때 반드시 전문가의 도움을 받아야 합니다.
- 부모가 본 교육과정을 사용할 경우에는 전문가의 도움을 받는 것이 좋습니다. 'DEP 조기중재 교육과정'은 개별 영아의 요구에 적합한 지원을 제공하기 위해서 교사나 부모가 쉽게 영아를 지도할 수 있도록 구성하였습니다.
- 영아발달은 6개 영역(대근육 운동기술, 소근육 운동기술, 의사소통, 사회정서, 인지, 기본생활)이 별개로 발달하는 것이 아닙니다. 따라서 영아의 특성과 각 영역별 항목의 연계를 고려하여 6개 영역의 교육과정을 함께 지도할 수 있도록 계획하는 것이 효과적입니다.
- 장애영아의 경우 한 가지 목표행동을 성취하는 데 시간이 많이 걸리고, 6개 영역의 발달이 고르지 않을 수 있습니다. 따라서 너무 서두르지 말고 지속적으로 지도하는 것이 필요합니다.
- 장애 특성에 따라 특히 성취되기 어려운 항목이 있습니다. 그런 경우에는 영아 스스로 목표행동을 이루는 데 필요한 과정과 연관된 활동/행동을 했을 때, 그 순간을 놓치지 않고 언어적 칭찬과 비언어적 칭찬(예: 웃어 주기, 머리 쓰다듬기)을 동시에 해 줍니다.
- 목표행동 성취를 위해서는 영아의 눈높이에 맞추어 자세를 낮추거나 신체적 접촉행동을 제공하고, 목표행동 성취를 위한 구체적 모델링 보여 주기 등을 실시합니다.
- 교육은 교육대상 영아가 졸린 상태이거나, 수유/이유식을 한 직후이거나, 낮잠에

서 깬 직후 등은 피하고 영아가 보다 활발하고 적극적으로 활동에 참여할 수 있는 최적의 시간을 선정하여 진행합니다.

◆ '목표행동 성취를 위한 단계적 지도과정'을 통해서 목표행동의 습득이 가능해지면 자연환경인 교육기관 또는 가정의 다양한 상황에서 연계하여 지도합니다. 교육활동 내용을 직접적으로 가르치려고 하거나 억지로 하지 말고 가능하면 일과 내에서 자연스럽게 지도합니다.

◆ 시각장애, 청각장애, 지체장애 영아의 경우는 '고려사항'을 참고하여 특히 주의하여 지도합니다.

◆ 한 가지 활동 안에서 가능한 한 여러 영역의 목표를 골고루 달성할 수 있는 방식으로 활동을 전개하면 좋습니다. 예를 들어, 부드러운 반투명 젤리를 사용하여 젤리의 촉감을 느끼게 함으로써 소근육 운동기술을, 젤리를 만져 본 느낌에 대해 이야기를 나눔으로써 의사소통기술을, 주양육자와 즐겁게 활동함으로써 사회정서 발달을, 먹는 젤리를 눈에 비춰 보아 색이 다르게 보이는 것을 관찰하고 먹지 못하는 다른 놀잇감을 비교하는 활동을 제시함으로써 인지발달을 지도합니다.

◆ 영아는 주양육자와 함께 일상생활 속에서 자연스러운 놀이활동에 참여함으로써 다양한 기술을 연습해 보는 기회를 가져야 합니다.

◆ 교육대상자인 영아의 흥미와 요구가 무엇인지 살펴 영아가 좋아하는 놀잇감이나 활동을 활용하여 지도할 때에 효과적인 교육이 가능합니다.

◆ 필요한 활동자료(예: 관련 놀잇감)를 제시할 때, 영아가 방해받지 않고 자신이 바라는 대로, 자신의 속도에 맞추어 활동자료를 충분히 탐색할 수 있도록 합니다.

차 · 례

01 서론

1. DEP 조기중재 교육과정의 개발 필요성

갓 태어난 신생아부터 36개월까지의 영아기는 인간으로서의 기본 특성이 조직화되고 신체적, 인지적, 사회 · 정서적 발달의 기초를 이루게 되므로 매우 중요한 시기라 할 수 있다. 특히 이 시기에는 신체적인 성장이 일생 중 가장 급속도로 이루어지게 되는데, 영아의 신장은 돌 무렵이 되면 출생 시에 비해 50% 이상 성장하고, 만 2세가 되면 75% 이상 성장하여, 성인이 되었을 때의 신장의 절반에 가깝게 된다. 체중에서도 생후 5개월이 되면 출생 시 체중의 2배가 되고, 만 1세가 되면 3배, 만 2세가 되면 4배가 되어 급속한 성장이 이루어진다. 또한 영아기는 뇌의 성장급등기로서 출생 시 뇌의 무게는 성인이 되었을 때 뇌 무게의 25%에 불과하지만, 생후 첫 1년 사이에 성인 뇌 무게의 66%, 만 2세가 되면 75%에 이르게 된다. 영아기 동안 이와 같은 신체적 성장 외에도 직립 이동이 가능해지며, 손가락을 사용하는 기본적인 소근육 운동기술이 발달하고, 언어의 구문론적 구조에 대한 주요 지식을 습득하게 된다. 뿐만 아니라 세상을 이해하기 위한 도식을 형성해 나가고 주변 사람과의 관계 맺기가 원활하게 이루어진다.

영아가 여러 발달 수준에 도달하는 속도는 영아 개개인에 따라 매우 다르게 나타난다. 예를 들어, 일반적으로 영아가 칫돌을 전후로 하여 걷게 된다고 알려져 있지만, 어떤 영아는 8개월이 되면 도움 없이 걸을 수 있는 반면, 어떤 영아는 14개월이 될 때까지도 혼자서 걸을 수 없는 경우도 있다. 영아가 12개월에 걷기 시작한다는 것은 수많은 영아를 대상으로 했을 때의 평균적인 수치, 즉 참고할 만한 이정표일 뿐이며, 영아마다 발달의 개인차가 있기 때문에 8개월에 걷기 시작한 영아와 14개월이 되어서야 걷기 시작하는 영아 모두 정상 발달 범위에 해당한다고 볼 수 있다.

그러나 어떤 영아는 정상 발달 범위를 벗어나 발달지체를 나타내기도 하는데, 이와 같은 발달지체를 다양한 요인으로 설명할 수 있다. 예를 들어, 유전적 또는 선천적 장애와 같은 생물학적 조건으로 인해서 발달지체가 나타나기도 하고, 후천적인 사회·경제적 결핍이나 주양육자의 부적절한 양육방법에 의해서도 영아의 발달지체가 나타날 수도 있다. 생애 초기에 발달이 지체되면 이후 장애로까지 이어질 수 있기 때문에 가능한 한 빨리 영아의 발달 상태를 파악하여 도움을 주는 것이 중요하다. 즉, 영아의 발달을 제한시키는 원인이 무엇이든지 간에, 최적의 양육 환경과 적절한 조기지원이 제공된다면 개별 영아마다 최상의 결과를 가져올 수 있다는 것이다. 다만 영아 개개인의 발달 특성을 고려하여 환경적으로 적절한 자극이나 교육을 제공해 주어야 하며, 특히 장애로 이어질 위험이 있는 영아에게는 조기중재가 제공되어야 한다. 여기서 조기중재란 장애가 있거나 장애위험군에 있는 영유아와 가족을 위한 교육, 건강 지원, 사회 서비스를 통합하는 일련의 서비스를 의미한다(Hanson & Lynch, 1995).

장애위험이 있는 영아를 가능한 한 조기에 선별하고 발달 수준을 파악하여 조기중재를 제공해야 하는 것은 영아기가 발달에 있어서 결정적 시기이며, 또 민감한 시기이기 때문이다. 영아가 이 시기에 어떠한 경험을 하는가에 따라 발달이 촉진되기도 하고 퇴보되기도 하는데, 이는 뇌 발달과 관련지어 생각해 볼 수 있다. 앞서 언급한 것처럼 영아기는 생애 중 뇌 발달이 가장 급속도로 이루어지며, 특히 출생 이후 만 2세까지를 '뇌의 성장급등기'라고 명명할 만큼 뇌 성장이 빠르게 진행된다. 인간은 출생 시 뇌 신경세포의 수가 모두 완성되어 있으며 신경세포 간의 연결(시냅스)이 과생성되었다가, 어떠한 자극이 주어지는가에 따라 필요한 신경세포 간의 연결은 보존되고, 불필요한 신경세포 간의 연결은 소멸하게 된다. 이처럼 시냅스가 과생성되었다가 환경적 경험에 의해 선택적으로 보존된다는 것은 경험의 영향에 따라 뇌의 발달 범위가 그만큼 넓어진다는 것을 보여 준다. 또한 초기의 환경 영향은 오랫동안 지속이 되어, 초기에 풍부한 환경적 자극을 제공받고 애정적인 상호작용을 경험한 영아는 전 생애에 걸쳐 발달에 긍정적 영향을 받게 된다. 이처럼 영아기의 환경적 경험이 뇌의 발달 과정을 좌우한다 해도 지나치지 않으며, 그렇기 때문에 영아에게서 장애위험이 발견된다면 가능한 한 빨리 중재를 제공해야 한다. 만약 장애위험에 처한 영아가 조기에 적절한 지원을 받지 못하면 발달지체가 가속되어 장애영아로 발전될 가능성이 매우 높아진다.

2. DEP 조기중재 교육과정의 개발 목표

상기 조기중재 교육과정 개발의 필요성에 입각하여, 본 DEP 조기중재 교육과정은 다음의 세 가지 차원에서 구체적인 개발 목표를 가지고 있다.

첫째, 본 DEP 조기중재 교육과정은 교육대상인 장애영아, 장애위험 영아, 일반영아의 발달을 최대한 촉진시켜 이들의 건강과 행복을 증진시키는 것에 목적을 둔다.

둘째, 본 DEP 조기중재 교육과정은 이를 주로 사용하는 주양육자/교사에게 교육대상 영아와의 상호작용을 개선시킬 수 있는 구체적인 지침을 제공하여, 교육대상 가족의 삶의 질을 향상시키는 데 목적을 둔다.

마지막으로, 본 DEP 조기중재 교육과정을 통해 특별한 요구를 지닌 영아와 가족을 조기에 지원함으로써 장애 발생률을 감소시키는 데 기여함으로써 국가적으로도 이후 발생할 수 있는 사회복지 및 특수교육서비스에 대한 요구와 비용을 절감시키는 데 목적을 둔다.

3. DEP 조기중재 교육과정의 개발 배경

우리나라에서 장애위험 영아를 선별(screening) 또는 평가(assessment)하기 위해 사용하고 있는 도구는 외국에서 개발된 것을 번역한 것이 대부분이다. 중재교육을 위한 프로그램도 마찬가지로 대부분 외국의 프로그램을 번역하여 사용하고 있는 실정이다. 그러나 다른 나라의 도구를 문화가 서로 다른 우리나라의 영아에게 적용하는 것에는 제한이 있으며, 우리나라 영아의 월령별 발달수준에 대한 규준을 제공할 수 있는 표준화된 검사를 사용해야 정확한 정보를 제공해 줄 수 있다. 또한 지금까지 사용되어 온 영아 선별도구를 보면, 선별에만 그칠 뿐 진단이나 중재로 이어지는 프로그램을 제공하지는 않고 있으며, 출판된 중재 교육프로그램 역시 선별 기능 없이 다만 진단과 중재교육의 목적으로만 개발되어 왔다.

DEP 조기중재 교육과정은 우리나라 영아에게 적합한 선별도구와 교육진단 및 중재프로그램을 하나의 연결된 과정으로 구성하고자 하는 노력으로 개발되었다. 즉, 장애위험 가능성이 있는 영아를 조기에 선별하고 발달수준을 파악하여 개별화교육프로그램(IEP)을 실행하기 위한 객관적이고 체계적인 정보를 제공할 수 있는 우리나라 영아에게 적합한 교육진단 도구의 개발이 절실하였기 때문에(장혜성,

서소정, 하지영, 2007) 영아선별 · 교육진단검사(DEP)를 개발하였고, 나아가 이와 연계된 DEP 조기중재 교육과정을 개발하게 되었다.

1) DEP 검사도구 문항개발과 표준화 및 조기중재 교육과정의 개발

영아선별 · 교육진단검사(DEP)와 DEP 조기중재 교육과정은 4년 동안(2006~2009년) 4단계에 걸쳐 단계적으로 개발되었다([그림 1] 참고). 1단계(2006년)는 '검사도구 문항개발'을 위한 단계로, 관련 문헌을 검토하고 기존 도구를 분석하여 검사도구 문항의 1차 시안을 개발하였다. 1차 시안에 대해 교육현장에서 영아를 전담하고 있는 경력 교사 및 관련 분야 전문가 5명으로부터 연령에 적절한 문항인지, 문항이 쉽게 이해되는지에 대한 내용타당도를 검증받았으며, 45명의 영아를 대상으로 1차 예비검사를 실시하여 검사의 실시적합성과 문항의 적절성에 대해 검토하였다. 전문가 자문과 1차 예비검사에 기초해 문항을 수정 및 보완하여 2차 시안을 제작하였으며, 현장 교사 7명과 전문가 8명으로부터 검사도구의 내용타당도를 검증받고, 84명의 영아를 대상으로 2차 예비검사를 실시하여 문항양호도와 검사의 신뢰도를 검토하였다. 이를 통해 344개 문항의 최종 문항을 확정하였다.

2단계(2007년)는 '검사도구의 표준화'를 위한 단계로 전국 6개 지역(서울, 경기, 대전, 대구, 광주, 부산)의 영아 861명을 대상으로 검사를 실시하였고(장혜성, 서소정, 하지영, 2008), 이후 서울 및 경기 지역 영아 307명을 추가하여 총 1,168명이 본 검사를 실시하게 되었다. 또한 검사를 실시한 영아 가운데 541명은 2주 후 재검사를 실시하였으며, 421명은 공인타당도를 측정하기 위해 K-ASQ를 동시에 실시하였다. 이러한 과정을 통해 검사도구의 문항양호도와 검사양호도를 검증하였으며, 월령별 원점수에 대한 표준점수와 백분위를 제공하여, 영아의 발달수준을 확인할 수 있는 규준을 마련하였다.

3단계(2008년)는 '조기중재 교육과정 개발' 단계로 DEP 검사도구의 모든 문항에 대해 영아를 지도할 수 있는 교육과정을 구체적으로 작성하였다. 또한 영아발달 전문가, 영아보육 전문가, 장애영아 특수교육 관련 전문가로서 영아전담 특수교사, 물리·작업치료사, 언어치료사로 구성된 자문위원단 9명으로부터 자문을 구하고 협의하여 조기중재 교육과정 초안을 완성하였다.

DEP 검사개발 계획수립(2006년)

- 본 연구의 목적 및 기본 방향을 설정함

↓

문헌 검토 및 기존 도구 분석

- 영아발달 관련 연구와 발달의 측정과 관련된 검사를 검토함

↓

DEP 1차 시안 제작

- 영아발달검사 관련 연구와 발달수준에 대한 문헌분석에 기초해 1차 시안을 개발함

↓

DEP 1차 예비검사

- 자문위원 5명이 문항의 적절성을 검토함
- 수정된 1차 시안을 영아 45명에게 실시하여 검사의 실시적합성 및 문항의 적절성에 대해 검토함

↓

DEP 2차 시안 제작

- 1차 예비검사 실시 후 문항분석 및 실시문항의 문제점을 파악하고 문항을 수정 및 보완하여 2차 시안을 개발함

↓

DEP 2차 예비검사

- 전문가 8명과 현장 교사 7명에게 의뢰하여 영아발달선별 검사도구의 내용타당도를 검토함
- 2차 시안을 영아 84명에서 실시하여 문항양호도와 검사의 신뢰도에 대해 검토함

↓

DEP 최종안 확정

- 2차 예비검사 실시 후 문항양호도와 검사양호도를 분석하고 문항을 분석하여 영아발달선별 검사도구 최종안을 확정함

↓

본검사 및 재검사, 공인타당도 검사(2007년)

- 서울, 경기, 대전, 대구, 광주, 부산 지역 영아 861명을 대상으로 검사를 실시하였으며(서소정, 하지영, 장혜성, 2008), 이후 서울 및 경기 지역 영아 307명을 추가하여 총 1,168명이 본 검사를 실시함
- 본 검사 대상 영아 가운데 541명은 본 검사 실시 2주 후 재검사를 실시함
- 본 검사 대상 영아 가운데 421명은 본 검사와 함께 공인타당도를 측정하기 위하여 K-ASQ 검사를 실시함
- 본 검사 결과에 기초해 문항양호도와 검사양호도를 분석함

↓

DEP 조기중재 교육과정 개발(2008년)

- 6개 영역, 344개 문항에 대해 교육과정을 작성함
- 영유아발달 및 장애영아 특수교육 관련전문가 9명이 교육과정 내용을 검증함

↓

DEP 조기중재 교육과정 효과검증(2009년)

- 장애진단을 받지 않았지만 장애로 발전할 위험이 있는 영아 8명과 이미 장애진단을 받은 영아 12명을 실험집단으로 선정하여, 어린이집 또는 장애인복지관 담당 교사가 16주에 걸쳐 중재 교육프로그램을 실시하고, 사전 및 사후 DEP 검사를 실시함
- 장애위험군 영아 9명, 장애영아 12명을 비교집단으로 선정하여 사전, 사후 DEP 검사를 실시함
- 실험집단과 비교집단의 사전, 사후 DEP 검사결과를 비교하여 교육과정의 효과를 검증함
- 지체장애, 청각장애, 시각장애 전문가 3명 및 영아발달 전문가 1명에게서 교육과정 자문을 받음

[그림 1] DEP 검사 및 조기중재 교육과정 개발 절차

2) 프로그램 효과검증

마지막 4단계(2009년)는 '조기중재 교육과정 효과검증' 단계로 조기중재 교육과정을 현장에 적용하여 그 효과를 검증하고, 최종적으로 조기중재 교육과정을 완성하고자 하였다. 이를 위해 서울 및 경기도에 거주하는 영아를 대상으로 영아 선별·교육진단검사(DEP)를 실시하여 장애위험 영아와 장애영아를 선별하였다. 또한 이들을 대상으로 하여 DEP 조기중재 교육과정에 기초한 중재 교육프로그램을 담당 교사가 실시하도록 하였다. 조기중재 교육과정의 효과검증을 위한 과정은 다음과 같다.

(1) 연구대상

본 연구는 장애진단을 받지 않았지만 장애로 발전할 위험이 있는 영아 집단과 이미 장애진단을 받은 영아 집단으로 구분하여 대상을 표집하고 연구를 진행하였다. 본 연구의 대상을 구체적으로 살펴보면 다음과 같다.

[1] 장애위험군 영아 집단

장애위험군 영아 집단은 장애로 발전할 위험이 있는 0~36개월의 영아 20명을 대상으로 하며, 이 가운데 10명의 영아에게는 16주간의 중재 교육프로그램을 적용하고, 나머지 10명의 영아는 비교집단으로 선정하고자 하였다. 연구수행기간 중 연구대상의 중도 탈락을 대비하여 당초 실험집단과 비교집단 각각 11명씩 모집하였으나, 연구대상의 보육시설 퇴소로 실험집단 영아 3명, 비교집단 영아 2명이 탈락하여, 최종적으로 실험집단 8명, 비교집단 9명의 영아가 실험에 참여하게 되었다.

본 연구에 참여한 실험집단 및 비교집단 영아의 성별과 생년월일, 중재 전 DEP 검사 시 월령은 〈표 1〉에 제시된 바와 같다. 실험집단의 경우 남아 5명, 여아 3명이었으며, 월령은 10~41개월의 분포를 나타내었다. 본 연구의 경우 36개월 이하

〈표 1〉 장애위험군 영아 집단 연구대상의 성별, 생년월일 및 월령

실험집단				비교집단			
	성별	생년월일	월령		성별	생년월일	월령
1	남	2008. 07. 02.	10	1	여	2008. 06. 24.	11
2	남	2008. 02. 28.	15	2	여	2007. 09. 12	17
3	남	2007. 11. 30.	16	3	여	2007. 10. 11.	20
4	여	2007. 07. 20.	20	4	남	2007. 04. 02.	26
5	남	2007. 07. 22.	21	5	남	2007. 04. 06.	26
6	남	2006. 07. 01.	33	6	남	2007. 03. 25.	27
7	여	2006. 05. 09.	35	7	여	2007. 01. 02.	29
8	여	2005. 11. 29.	41	8	여	2006. 11. 20.	31
				9	남	2006. 07. 26.	35

의 영아를 주대상으로 하지만, 본 연구에 참여한 41개월 영아의 경우 발달수준이 느린 편으로 DEP 검사의 31~36개월 문항을 잘 수행하지 못했기 때문에, 중재 교육프로그램을 적용할 수 있을 것으로 보여 연구대상에 포함시켰다. 비교집단의 경우 남아 4명, 여아 5명이었으며, 월령은 11~35개월의 분포를 보였다.

2 장애영아 집단

장애영아 집단은 0~36개월의 장애영아 20명을 대상으로 하며, 이 가운데 10명의 영아에게는 16주간의 중재 교육프로그램을 적용하고, 나머지 10명의 영아는 비교집단으로 선정하고자 하였다. 연구수행기간 중 연구대상의 중도 탈락을 대비하여 당초 실험집단과 비교집단을 각각 12명씩 모집하여 총 24명의 영아가 실험에 참여하게 되었다.

본 연구에 참여한 실험집단 및 비교집단 영아의 성별과 생년월일, 중재 전 DEP 검사 시 월령은 〈표 2〉에 제시된 바와 같다. 실험집단의 경우 남아 10명, 여아 2명이었으며, 월령은 17~32개월의 분포를 나타내었다. 비교집단의 경우 남아 8명, 여아 4명이었으며, 월령은 18~36개월의 분포를 보였다.

〈표 2〉 장애영아 집단 연구대상의 성별, 생년월일 및 월령

실험집단				비교집단			
	성별	생년월일	월령		성별	생년월일	월령
1	여	2007. 10. 01.	17	1	남	2007. 09. 08.	18
2	남	2007. 10. 02.	17	2	여	2007. 09. 29.	18
3	남	2007. 05. 07.	22	3	여	2007. 04. 21.	23
4	남	2007. 04. 23.	23	4	남	2007. 03. 30.	24
5	남	2007. 04. 29.	23	5	여	2007. 03. 26.	24
6	남	2007. 03. 30.	24	6	남	2007. 03. 25.	24
7	남	2007. 01. 07.	26	7	남	2007. 02. 12.	25
8	남	2006. 12. 11.	27	8	남	2006. 12.05.	27
9	남	2006. 10. 17.	29	9	남	2006. 10. 03.	29
10	남	2006. 08. 30.	31	10	남	2006. 08. 09.	31
11	여	2006. 07. 03.	32	11	여	2006. 05. 20.	34
12	남	2006. 07. 20.	32	12	남	2006. 03. 16.	36

(2) 연구도구

본 연구에서는 실험집단과 비교집단의 사전 및 사후검사를 위해 1, 2차년도 연구를 통해 개발한 영아선별 · 교육진단검사(DEP)(장혜성, 서소정, 하지영, 2008)를 사용하였으며, 검사를 통해 선별된 영아를 중재하기 위해 3차년도 연구를 통해 개발한 DEP 조기중재 교육과정을 적용하였다.

1 영아선별 · 교육진단검사(DEP)

영아선별 · 교육진단검사(DEP)는 0~36개월 영아의 전반적인 발달을 진단하고, 장애위험군에 처한 영아를 조기선별 및 중재하기 위해 국내에서 개발된 객관적이고 체계적인 선별진단 도구다(장혜성, 서소정, 하지영, 2007). 검사지는 월령 단계별로 0~3개월, 4~6개월, 7~9개월, 10~12개월, 13~18개월, 19~24개월, 25~30개월, 31~36개월의 총 8개 검사지로 구분되며, 각 검사지는 대근육 운동

〈표 3〉 영아발달선별 검사도구의 문항 내적합치도

(N=1,168)

월령 / 영역	0~3 개월	4~6 개월	7~9 개월	10~12 개월	13~18 개월	19~24 개월	25~30 개월	31~36 개월
대근육 운동기술	.696	.792	.765	.794	.791	.752	.726	.676
소근육 운동기술	.784	.811	.333	.836	.765	.799	.742	.725
의사소통	.811	.787	.711	.826	.868	.904	.896	.900
사회정서	.731	.807	.592	.829	.749	.646	.521	.579
인지	.769	.806	.658	.801	.826	.823	.832	.751
기본생활	.255	.722	.688	.829	.577	.814	.710	.587
전체	.928	.938	.900	.952	.940	.947	.930	.925

기술, 소근육 운동기술, 의사소통, 사회정서, 인지, 기본생활의 6개 영역으로 구성되어 있다. 영역별로 대근육 운동기술 56개, 소근육 운동기술 56개, 의사소통 68개, 사회정서 55개, 인지 57개, 기본생활 52개로 총 344개 문항으로 이루어져 있다. 본 척도의 하위요인별 신뢰도(Cronbach's α)는 월령 단계별(0~36개월)로 구분하여 살펴볼 때 대근육 운동기술 .676~.794, 소근육 운동기술 .333~836, 의사소통 .711~.904, 사회정서 .521~.829, 인지 .658~.832, 기본생활 .255~.829로 나타났으며, 전체적으로는 .900~.952의 신뢰도를 보였다(〈표 3〉 참조).

각 영역별 원점수 산출방법은 수행한 문항점수를 모두 합산한 값이 영역 원점수가 되며, 전체 총점은 6개 영역 하위총점을 모두 합산한 점수로 산출된다. 검사결과는 해당 월령단계에서 백분위 80 이상일 경우 '매우 빠름', 백분위 65~80일 경우 '빠름', 백분위 35~65이면 '보통', 백분위 20~35는 '느림', 백분위 20 이하는 '매우 느림'으로 해석된다. '느림'에 해당되는 영아의 경우 지속적인 관찰이 요구되며, '매우 느림'의 경우 전문가의 2차 평가를 받을 필요가 있다.

2 DEP 조기중재 교육과정

본 연구에 사용된 DEP 조기중재 교육과정은 영아선별 · 교육진단검사(DEP)의

내용에 기초해 대근육 운동기술, 소근육 운동기술, 의사소통, 사회정서, 인지, 기본생활 6개 영역 전반에 대해 목표행동, 목표행동 성취의 중요성, 자료, 목표행동 성취를 위한 단계적 지도과정, 일상생활에서의 지도과정, 고려사항, 목표행동 성취기준 등의 항목을 제시하고 있다. 영역별로 대근육 운동기술 56개, 소근육 운동기술 56개, 의사소통 68개, 사회정서 55개, 인지 57개, 기본생활 52개로 총 344개의 중재 교육과정으로 구성되어 있다.

(3) 연구절차

영아 조기선별 및 중재 교육프로그램 효과검증 연구는 다음과 같이 4단계로 이루어졌다. 각 단계에는 장애위험 영아를 조기에 선별하고, 이들을 대상으로 하여 중재 교육프로그램을 적용하는 과정이 포함된다.

1 중재 교육프로그램 대상 모집(1단계)

① 장애위험군 영아 집단 대상 모집

서울 및 경기도에 거주하는 0~6개월 영아를 대상으로 영아선별 · 교육진단검사(DEP)를 사용하여 선별검사를 실시하여, 장애위험군 영아 총 20명을 표집하고 실험집단 10명, 비교집단 10명으로 배정한다. 본 연구에 참여하게 될 영아를 선별하는 구체적인 기준은 다음과 같다. 첫째, 장애통합 또는 장애전담 어린이집, 복지관 등을 통해 장애로 발전할 가능성이 있는 영아를 실험집단으로 선정하였다. 둘째, 24개월 미만 영아의 경우 이 시기에 장애가 있다고 판별하기는 어려우므로 사회경제적 취약계층(기초생활수급자)에 속한 영아를 실험집단으로 선정하였다. 셋째, 실험집단의 영아와 비슷한 연령과 발달수준의 영아를 비교집단으로 선정하였다.

본 연구에서는 영아의 어린이집 담당 교사가 검사를 수행하였으며, 검사결과가 '매우 느림' 또는 '느림'으로 나온 영아를 연구대상으로 표집하였다. 연구수행기간 중 연구대상의 중도 탈락을 대비하여 당초 실험집단과 비교집단을 각각 11명씩 모집하였다. 실험집단의 영아는 강남구 소재 어린이집 2개소 총 4명, 동대문구 1개소 총 3명, 노원구 1개 기관 총 1명, 경기도 군포시 소재 어린이집 1개소 총 3명 등 전체 11명을 표집하였다. 비교집단 영아의 경우 어린이집을 통해 개별적으로 연락하거나 온라인검사를 실시한 영아 가운데 결과가 '매우 느림' 또는 '느림'인 영아의 담당 교사에게 연락하여 총 11명을 표집하였다. 그러나 연구대상 영아의 어린이집 퇴소로 인하여 실험집단 영아 3명, 비교집단 영아 2명이 탈락하여, 최종적으로 실험집단 8명, 비교집단 9명의 영아가 실험에 참여하게 되었다.

② 장애영아 집단 대상 모집

서울 및 경기도에 거주하는 0~36개월 영아를 대상으로 영아선별 · 교육진단검사(DEP)를 사용하여 선별 검사를 실시하여, 장애영아 총 24명을 표집하고 실험집단 12명, 비교집단 12명으로 배정하였다. 본 연구에 참여하게 될 영아를 선별하는 구체적인 기준은 다음과 같다. 첫째, 전문가로부터 장애 진단을 받은 영아로 장애인복지관, 장애통합 또는 장애전담 어린이집에서 교육을 받는 장애영아 12명을 실험집단으로 선정하였다. 둘째, 실험집단의 영아들과 비슷한 연령과 발달수준의 장애영아 12명을 비교집단으로 선정하였다.

2 중재자 훈련(2단계)

본 연구대상 영아(실험 및 비교집단)에게 DEP 검사를 실시하고, 프로그램을 적용하기 위하여 장애위험 영아를 담당하고 있는 어린이집 교사(중재자) 또는 장애영아를 담당하고 있는 장애인복지관 교사(중재자)를 대상으로 DEP 검사와 중재교육프로그램에 대한 소개와 실시방법, 일지작성방법, 연구일정 등에 관한 오리엔테이션을 실시하였다. 교사의 개별 일정에 맞추어 총 3회에 걸쳐 오리엔테이션을 실시하였다.

3 DEP 검사 실시 및 중재 교육프로그램 적용(3단계)

연구 참여대상 영아에게 사전, 사후 검사 및 중재 교육프로그램을 실시하는 일정은 〈표 4〉와 같다. 실험집단 영아의 경우 사전검사를 실시한 후, 개별 영아의 교육적 요구에 부합되는 중재 교육프로그램을 총 16주간 적용하였으며, 프로그램이 종료된 후 사후검사를 실시하였다. 비교집단 영아의 경우 사전검사를 실시하고, 16주 후 사후검사를 실시하였다. 중재 교육프로그램 적용과정에 관한 구체적인 절차는 다음과 같다.

① 2-1단계: 실험집단과 비교집단 모두 어린이집 또는 장애인복지관 교사가 해당 영아의 DEP 검사를 실시하였다. 이를 통해 중재 교육프로그램을 실시하게 될 실험집단 영아의 개별적인 교육적 욕구를 분석하였다.

② 2-2단계(총 16주): 실험집단의 경우 중재자(어린이집 또는 장애인복지관 교사)가 교육기관에서 영아를 대상으로 중재 교육프로그램을 실시하였다. 중재자는 중재 교육프로그램을 실시한 후 매일 일지를 작성하였으며, 연구가 진행되는 동안 연구원이 어린이집을 방문하여 교사에게 자문을 제공하며, 중재 교육프로그램을 실시하면서 어려운 점이나 궁금한 점, 영아의 변화 등에 대해 논의하였다. 또한 장애영아 집단의 경우 연구원이 중재 교육프로그램을 실시하는 과정을 참관하였으며, 매월 정기적인 모임을 통해서 중재자로부터 프로그램의 적절성, 수정 보완 내용에 대한 자문을 받았다.

〈표 4〉 연구대상 영아에 대한 사전, 사후검사 및 중재 교육프로그램 실시

집단		N	중재 전 DEP 실시	중재 교육 프로그램 실시	중재 후 DEP 실시
장애위험군 영아	실험집단	8	○	○	○
	비교집단	9	○		○
장애영아	실험집단	12	○	○	○
	비교집단	12	○		○

특히 가정연계를 시도하여 부모로부터 프로그램의 효과성에 대한 자문을 받았다.

③ 2–3단계: 실험집단의 경우 중재 교육프로그램이 종료된 후, 비교집단의 경우 사전검사를 실시한 지 16주 후에 사후 DEP 검사를 실시하였다. 또한 프로그램 종료 후 중재자는 프로그램의 유용성과 장단점, 교육과정의 각 항목별 내용, 영아의 변화된 점 등에 대한 최종 설문지를 작성하였다.

④ 중재 교육프로그램 수정 및 자문(4단계)

중재자가 프로그램을 현장에 적용하면서 작성한 일지, 연구원과 중재자의 회의 등을 바탕으로 중재 교육프로그램에서 수정이나 보완해야 할 내용에 대해서는 수정 보완하였다. 또한 본 중재 교육프로그램을 지체장애, 청각장애, 시각장애 영아가 활용할 경우를 대비하여 시각장애학교, 청각장애학교, 지체장애학교 영아 담당 현직 교사 4명에게 자문을 받았으며, 영아전담 교사가 프로그램의 전체적인 내용에 대하여 자문하였다.

(4) 자료분석

중재 교육프로그램의 효과검증을 위해 장애위험군 영아 집단과 장애영아 집단의 각 실험집단 및 비교집단의 사전 DEP 검사점수와 사후 DEP 검사점수를 제시하고, 점수의 변화량을 비교하였으며, 장애위험군 영아 집단과 장애영아 집단의 점수변화량을 비교하였다. 또한 중재 교육프로그램 실시에 따른 실험집단과 비교집단의 사후 DEP 검사점수에 차이가 있는지 알아보기 위하여, 사전 DEP 검사점수를 공변인으로 통제하고 공분산분석을 실시하였다. 자료는 SPSS 12.0 프로그램을 사용하여 분석되었으며, 유의도 $p < .05$ 수준에서 검증되었다.

(5) 연구결과

① 장애위험군 영아 집단의 DEP 사전점수와 사후점수 비교

본 연구에서 실시한 중재 교육프로그램의 효과를 검증하기 위하여 실험집단과 비교집단 각각 DEP 사전점수와 사후점수를 비교하였다. 장애위험군 영아 실험집단 모든 영아의 사전 및 사후점수와 평균 사전 및 사후점수는 〈표 5〉와 같다. 장애위험군 영아 집단의 평균 사전점수와 사후점수 및 점수 변화량을 살펴보면, 대근육 운동기술 영역의 경우, 사전점수 평균 409.38점(SD=130.806), 사후점수 평균 432.50점(SD=112.631)으로 중재 교육프로그램 실시 후 23.13점이 증가하였으며, 소근육 운동기술 영역에서는 사전점수 평균 413.13점(SD=119.909), 사후점수 평균 439.38점(SD=105.168)으로, 26.25점 증가한 것으로 나타났다. 의사소통 영역의 경우에는 사전점수 평균 411.25점(SD=173.961), 사후점수 평균 450.00점(SD=172.358)으로 38.75점 증가하였으며, 사회정서 영역은 사전점수 평균 413.13점(SD=100.497), 사후점수 431.88점(SD=97.539)으로 18.75점 증가하였다. 다음으로 인지 영역에서는 사전점수 평균 385.63점(SD=137.955), 사후점수 평균 415.00점(SD=127.139)으로 29.38점 증가하였으며, 기본생활 영역의 경우 사전점수 평균 365.63점(SD=118.757), 사후점수 평균 393.13점(SD=105.524)으로 27.50점 정도 증가한 것으로 나타났다. 총점에서는 사전점수 평균 2398.13점(SD=775.771), 사후점수 평균 2561.88점(SD=716.654)으로 163.75점 증가한 것으로 나타났다.

한편 장애위험군 영아 비교집단의 DEP 사전점수와 사후점수를 비교한 결과는 〈표 6〉과 같다. 비교집단 영아의 평균 사전점수와 사후점수 및 점수변화량을 살펴보면, 대근육 운동기술 영역의 경우, 사전점수 평균 432.78점(SD=108.516), 사후점수 평균 451.11점(SD=107.144)으로 중재 교육프로그램 실시 후 18.33점이 증가하였으며, 소근육 운동기술 영역에서는 사전점수 평균 422.78점(SD=91.485),

〈표 5〉 장애위험군 영아 실험집단의 DEP 사전점수와 사후점수 비교 (N=8)

영아 \ 영역		대근육 운동기술	소근육 운동기술	의사소통	사회정서	인지	기본생활	총점
1	사전점수	380	380	335	380	330	315	2120
	사후점수	405	410	340	405	375	355	2290
	변화량	25	30	5	25	45	40	170
2	사전점수	555	530	625	530	510	510	3260
	사후점수	560	555	650	550	545	520	3380
	변화량	5	25	25	20	35	10	120
3	사전점수	555	560	600	505	560	500	3280
	사후점수	560	560	655	530	565	515	3385
	변화량	5	0	55	25	5	15	105
4	사전점수	310	350	275	360	295	290	1880
	사후점수	340	360	300	360	315	310	1985
	변화량	30	10	25	0	20	20	105
5	사전점수	400	405	335	390	360	355	2245
	사후점수	420	420	400	420	385	395	2440
	변화량	20	15	65	30	25	40	195
6	사전점수	550	540	625	540	555	480	3290
	사후점수	555	560	655	540	570	495	3375
	변화량	5	20	30	0	15	15	85
7	사전점수	220	230	225	265	200	185	1325
	사후점수	280	300	270	290	250	250	1640
	변화량	60	70	45	25	50	65	315
8	사전점수	305	310	270	335	275	290	1785
	사후점수	340	350	330	360	315	305	2000
	변화량	35	40	60	25	40	15	215
전체 M(SD)	사전점수	409.38 (130.806)	413.13 (119.909)	411.25 (173.961)	413.13 (100.497)	385.63 (137.955)	365.63 (118.757)	2398.13 (775.771)
	사후점수	432.50 (112.631)	439.38 (105.168)	450.00 (172.358)	431.88 (97.539)	415.00 (127.139)	393.13 (105.524)	2561.88 (716.654)
	변화량	23.13	26.25	38.75	18.75	29.38	27.50	163.75

사후점수 평균 433.89점(SD=91.822)으로 11.11점 증가한 것으로 나타났다. 의사소통 영역의 경우에는 사전점수 평균 421.11점(SD=126.979), 사후점수 평균 461.11점(SD=134.182)으로 40.00점 증가하였으며, 사회정서 영역은 사전점수 평균 428.89점(SD=89.365), 사후점수 437.78점(SD=86.354)으로 8.89점 증가하였다. 다음으로 인지 영역에서는 사전점수 평균 400.00점(SD=104.612), 사후점수 평균 423.33점(SD=113.853)으로 23.33점 증가하였으며, 기본생활 영역의 경우 사전점수 평균 388.89점(SD=99.492), 사후점수 평균 405.56점(SD=97.802)으로 16.67점 증가한 것으로 나타났다. 총점에서는 사전점수 평균 2494.44점(SD=610.658), 사후점수 평균 2612.78점(SD=624.670)으로 118.33점 증가한 것으로 나타났다.

장애위험군 영아 실험집단과 비교집단의 DEP 점수 증가량을 살펴보면 중재 교육프로그램을 실시한 실험집단이 프로그램을 실시하지 않은 비교집단보다 대체로 증가량이 더 큰 것을 알 수 있다([그림 2] 참조). 즉, 대근육 운동기술 영역의 경우 실험집단의 DEP 점수가 23.13점 증가한 것에 비해, 비교집단의 점수는 18.33점 증가한 것으로 나타났다. 소근육 운동기술 영역에서도 실험집단은 26.25점, 비교집단은 11.11점 증가하였으며, 사회정서 영역의 경우 실험집단 18.75점, 비교집단은 8.89점 증가한 것으로 나타났다. 또한 인지 영역의 경우 실험집단 29.38점, 비교집단 23.33점 증가하였으며, 기본생활 영역에서는 실험집단 27.50점, 비교집단 16.67점 증가하였다. 총점의 경우 실험집단은 점수가 163.75점 증가하였으며, 비교집단은 118.33점 증가한 것으로 나타나, 실험집단의 점수 증가량이 더 많은 것을 알 수 있다.

〈표 6〉 장애위험군 영아 비교집단의 DEP 사전점수와 사후점수 비교

(N=9)

영아 \ 영역		대근육 운동기술	소근육 운동기술	의사소통	사회정서	인지	기본생활	총점
1	사전점수	480	440	420	440	440	425	2645
	사후점수	495	460	495	460	460	450	2820
	변화량	15	20	75	20	20	25	175
2	사전점수	460	450	430	480	440	440	2700
	사후점수	490	455	455	470	450	445	2765
	변화량	30	5	25	−10	10	5	65
3	사전점수	470	445	420	460	410	415	2620
	사후점수	485	450	505	480	450	440	2810
	변화량	15	5	85	20	40	25	190
4	사전점수	410	400	330	385	355	340	2220
	사후점수	420	410	370	405	365	375	2345
	변화량	10	10	40	20	10	35	125
5	사전점수	465	465	445	470	440	445	2730
	사후점수	475	465	495	465	455	460	2815
	변화량	10	0	50	−5	15	15	85
6	사전점수	555	520	610	515	520	490	3210
	사후점수	545	540	650	525	565	495	3320
	변화량	−10	20	40	10	45	5	110
7	사전점수	535	525	605	520	515	475	3175
	사후점수	585	540	625	525	555	490	3320
	변화량	50	15	20	5	40	15	145
8	사전점수	220	245	235	245	210	190	1345
	사후점수	250	260	250	260	220	210	1450
	변화량	30	15	15	15	10	20	105
9	사전점수	300	315	295	345	270	280	1805
	사후점수	315	325	305	350	290	285	1870
	변화량	15	10	10	5	20	5	65
전체 M(SD)	사전점수	432.78 (108.516)	422.78 (91.485)	421.11 (126.979)	428.89 (89.365)	400.00 (104.612)	388.89 (99.492)	2494.44 (610.658)
	사후점수	451.11 (107.144)	433.89 (91.882)	461.11 (134.182)	437.78 (86.354)	423.33 (113.853)	405.56 (97.802)	2612.78 (624.670)
	변화량	18.33	11.11	40.00	8.89	23.33	16.67	118.33

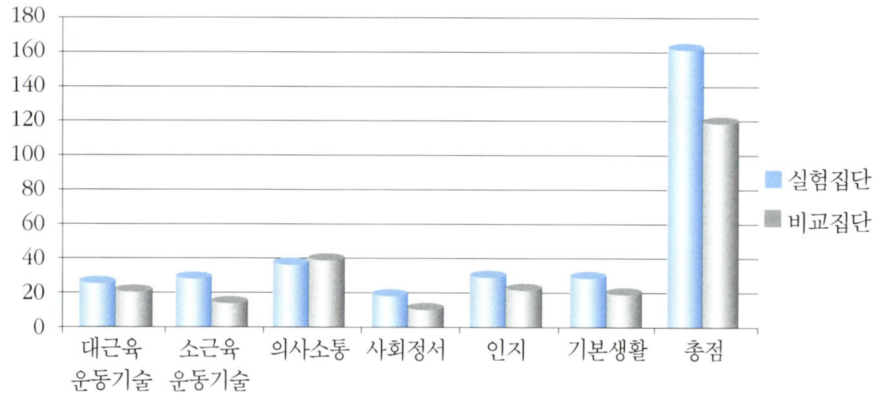

[그림 2] 장애위험군 영아 실험집단과 비교집단의 점수 변화량 비교

② 장애영아 집단의 DEP 사전점수와 사후점수 비교

장애영아 실험집단과 비교집단 각각 DEP 사전점수와 사후점수를 비교 분석한 결과는 다음과 같다. 우선 실험집단에 포함된 모든 영아의 사전점수 및 사후점수와 점수 변화량, 평균 사전점수 및 사후점수와 점수 변화량에 대한 결과는 〈표 7〉과 같다. 이를 구체적으로 살펴보면 대근육 운동기술 영역의 경우, 사전점수 평균 366.25점 (SD=99.661), 사후점수 평균 422.92점(SD=75.902)으로 중재 교육프로그램 실시 후 56.67점이 증가하였으며, 소근육 운동기술 영역에서는 사전점수 평균 325.83점 (SD=73.510), 사후점수 평균 417.08점(SD=88.663)으로, 91.25점 증가한 것으로 나타났다. 의사소통 영역의 경우에는 사전점수 평균 235.83점(SD=85.036), 사후점수 평균 279.58점(SD=73.034)으로 43.75점 증가하였으며, 사회정서 영역은 사전점수 평균 362.50점(SD=94.496), 사후점수 460.00점(SD=46.856)으로 97.50점 증가하였다. 다음으로 인지 영역에서는 사전점수 평균 276.67점(SD=90.512), 사후점수 평균 345.83점(SD=63.598)으로 69.17점 증가하였으며, 기본생활 영역의 경우 사전점수 평균 290.00점(SD=74.376), 사후점수 평균 375.00점(SD=73.299)으로 85.00점 증가한 것으로 나타났다. 총점에서는 사전

점수 평균 1857.08점(SD=481.586), 사후점수 평균 2300.42점(SD=389.122)으로 443.33점 증가한 것으로 나타났다.

〈표 7〉 장애영아 실험집단의 DEP 사전점수와 사후점수 비교 (N=12)

영아 \ 영역		대근육 운동기술	소근육 운동기술	의사소통	사회정서	인지	기본생활	총점
1	사전점수	185	210	80	325	160	155	1115
	사후점수	305	290	110	400	215	235	1555
	변화량	120	80	30	75	55	80	440
2	사전점수	410	355	265	435	285	310	2060
	사후점수	450	455	305	495	340	405	2450
	변화량	40	100	40	60	55	95	390
3	사전점수	370	310	155	355	245	260	1695
	사후점수	410	405	215	480	295	360	2165
	변화량	40	95	60	125	50	100	470
4	사전점수	380	345	285	420	275	305	2010
	사후점수	420	455	325	505	355	390	2450
	변화량	40	110	40	85	80	85	440
5	사전점수	405	400	285	465	305	320	2180
	사후점수	470	470	340	515	375	425	2595
	변화량	65	70	55	50	70	105	415
6	사전점수	260	210	100	175	110	225	1080
	사후점수	330	310	205	410	280	320	1855
	변화량	70	100	105	235	170	95	775
7	사전점수	285	275	250	295	260	275	1640
	사후점수	335	275	270	375	325	320	1900
	변화량	50	0	20	80	65	45	260
8	사전점수	355	310	280	330	285	240	1800
	사후점수	400	415	310	445	385	325	2280
	변화량	45	105	30	115	100	85	480

9	사전점수	440	390	310	425	400	375	2340
	사후점수	490	475	315	490	435	480	2685
	변화량	50	85	5	65	35	105	345
10	사전점수	430	405	235	425	395	340	2230
	사후점수	480	565	300	470	410	430	2655
	변화량	50	160	65	45	15	90	425
11	사전점수	305	275	220	230	210	240	1480
	사후점수	415	390	275	430	320	330	2160
	변화량	110	115	55	200	110	90	680
12	사전점수	570	425	365	470	390	435	2655
	사후점수	570	500	385	505	415	480	2855
	변화량	0	75	20	35	25	45	200
전체 M(SD)	사전점수	366.25 (99.661)	325.83 (73.510)	235.83 (85.036)	362.50 (94.496)	276.67 (90.512)	290.00 (74.376)	1857.08 (481.586)
	사후점수	422.92 (75.902)	417.08 (88.663)	279.58 (73.034)	460.00 (46.856)	345.83 (63.598)	375.00 (73.299)	2300.42 (389.122)
	변화량	56.67	91.25	43.75	97.50	69.17	85.00	443.33

한편 장애영아 비교집단의 DEP 사전점수와 사후점수를 비교한 결과는 〈표 8〉과 같다. 평균 사전점수 및 사후점수와 점수 변화량을 살펴보면, 대근육 운동기술 영역의 경우, 사전점수 평균 263.75점(SD=114.775), 사후점수 평균 289.17점(SD=116.343)으로 중재 교육프로그램 실시 후 25.42점이 증가하였으며, 소근육 운동기술 영역에서는 사전점수 평균 272.50점(SD=108.072), 사후점수 평균 304.17점(SD=114.928)으로 31.67점 증가한 것으로 나타났다. 의사소통 영역의 경우에는 사전점수 평균 189.17점(SD=106.447), 사후점수 평균 210.83점(SD=112.246)으로 21.67점 증가하였으며, 사회정서 영역은 사전점수 평균 299.58점(SD=143.408), 사후점수 337.92점(SD=159.494)으로 38.33점 증가하였다. 다음으로 인지 영역에서는 사전점수 평균 226.25점(SD=98.307), 사후점수 평균 250.42점(SD=103.889)으로 24.17점 증가하였으며, 기본생활 영역의 경우 사전

점수 평균 242.92점(SD=108.972), 사후점수 평균 262.50점(SD=113.908)으로 19.58점 증가한 것으로 나타났다. 총점에서는 사전점수 평균 1494.17점(SD=644.465), 사후점수 평균 1655.00점(SD=677.150)으로 160.83점 증가한 것으로 나타났다.

〈표 8〉 장애영아 비교집단의 DEP 사전점수와 사후점수 비교

(N=12)

영아	영역	대근육 운동기술	소근육 운동기술	의사소통	사회정서	인지	기본생활	총점
1	사전점수	150	205	195	275	195	140	1160
	사후점수	210	325	225	455	195	140	1550
	변화량	60	120	30	180	0	0	390
2	사전점수	220	290	195	375	230	220	1530
	사후점수	315	315	275	500	335	290	2030
	변화량	95	25	80	125	105	70	500
3	사전점수	175	185	80	170	130	120	860
	사후점수	190	205	120	185	155	135	990
	변화량	15	20	40	15	25	15	130
4	사전점수	310	420	335	415	385	355	2220
	사후점수	330	430	340	455	385	385	2325
	변화량	20	10	5	40	0	30	105
5	사전점수	375	360	255	405	275	320	1990
	사후점수	385	385	265	410	285	320	2050
	변화량	10	25	10	5	10	0	60
6	사전점수	165	200	65	155	170	85	840
	사후점수	175	210	65	160	185	110	905
	변화량	10	10	0	5	15	25	65
7	사전점수	140	195	65	115	135	195	845
	사후점수	140	215	65	125	145	210	900
	변화량	0	20	0	10	10	15	55
8	사전점수	385	350	255	460	295	340	2085
	사후점수	395	380	290	465	310	365	2205
	변화량	10	30	35	5	15	25	120

9	사전점수	385	365	340	470	330	390	2280
	사후점수	410	430	365	500	360	420	2485
	변화량	25	65	25	30	30	30	205
10	사전점수	105	40	55	65	35	115	415
	사후점수	110	45	65	75	45	115	455
	변화량	5	5	10	10	10	0	40
11	사전점수	345	335	285	415	295	325	2000
	사후점수	380	385	305	425	330	340	2165
	변화량	35	50	20	10	35	15	165
12	사전점수	410	325	145	275	240	310	1705
	사후점수	430	325	150	300	275	320	1800
	변화량	20	0	5	25	35	10	95
전체 M(SD)	사전점수	263.75 (114.775)	272.50 (108.072)	189.17 (106.447)	299.58 (143.408)	226.25 (98.307)	242.92 (108.972)	1494.17 (644.465)
	사후점수	289.17 (116.343)	304.17 (114.928)	210.83 (112.246)	337.92 (159.494)	250.42 (103.889)	262.50 (113.908)	1655.00 (677.150)
	변화량	25.42	31.67	21.67	38.33	24.17	19.58	160.83

장애영아 실험집단과 비교집단의 DEP 점수 증가량을 살펴보면 중재 교육프로그램을 실시한 실험집단이 프로그램을 실시하지 않은 비교집단보다 증가량이 더 큰 것을 알 수 있다([그림 3] 참조). 즉, 대근육 운동기술 영역의 경우 실험집단의 DEP 점수가 56.67점 증가한 것에 비해, 비교집단의 점수는 25.42점 증가한 것으로 나타났다. 소근육 운동기술 영역에서도 실험집단은 91.25점, 비교집단은 31.67점 증가하였으며, 의사소통 영역은 실험집단 43.75점, 비교집단 21.67점 증가하였고, 사회정서 영역의 경우 실험집단은 97.50점, 비교집단은 38.33점 증가한 것으로 나타났다. 또한 인지 영역의 경우 실험집단은 69.17점, 비교집단은 24.17점 증가하였으며, 기본생활 영역에서는 실험집단은 85.00점, 비교집단은 19.58점 증가하였다. 총점의 경우 실험집단은 점수가 443.33점 증가하였으며, 비교집단은 160.83점 증가한 것으로 나타나, 실험집단의 점수 증가량이 더 많은 것을 알 수 있다.

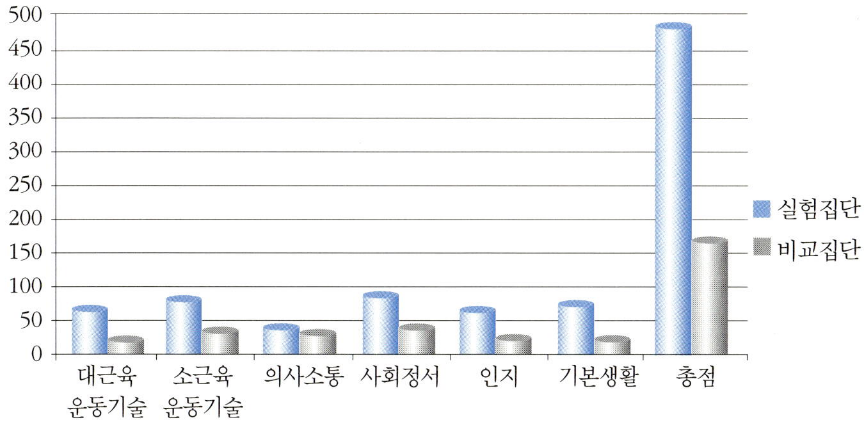

[그림 3] 장애영아 실험집단과 비교집단의 점수 변화량 비교

3 장애위험군 영아 집단과 장애영아 집단의 DEP 점수 변화량 비교

장애위험군 영아와 장애영아에 대한 중재 교육프로그램의 효과를 비교하기 위해 장애위험군 영아 집단과 장애영아 집단 가운데 중재 교육프로그램에 참여한 실험집단 영아(장애위험군 영아 8명, 장애영아 12명)의 사전점수와 사후점수의 평균 점수 변화량을 살펴보았다. [그림 4]에서 볼 수 있듯이 장애영아의 점수 변화량이 장애위험군 영아보다 더 큰 것으로 나타났다. 영역별로 구체적으로 살펴보면, 대근육 운동기술 영역의 경우 장애위험군 영아의 점수가 23.13점 증가한 반면, 장애영아는 56.67점 증가하였으며, 소근육 운동기술 영역에서는 장애위험군 영아는 26.25점, 장애영아는 91.25점 증가한 것으로 나타났다. 의사소통 영역에서는 장애위험군 영아의 점수가 증가하지 않은 반면, 장애영아는 43.75점 증가하였으며, 사회정서 영역에서는 장애위험군 영아는 18.75점, 장애영아는 97.50점 증가하였다. 인지 영역의 경우 장애위험군 영아는 29.38점, 장애영아는 69.17점 증가하였으며, 기본생활 영역에서는 장애위험군 영아는 27.50점, 장애영아는 85.00점 증가하였다. 총점에서는 장애위험군 영아 163.75점, 장애영아 443.33점 증가한 것으로 나타났다.

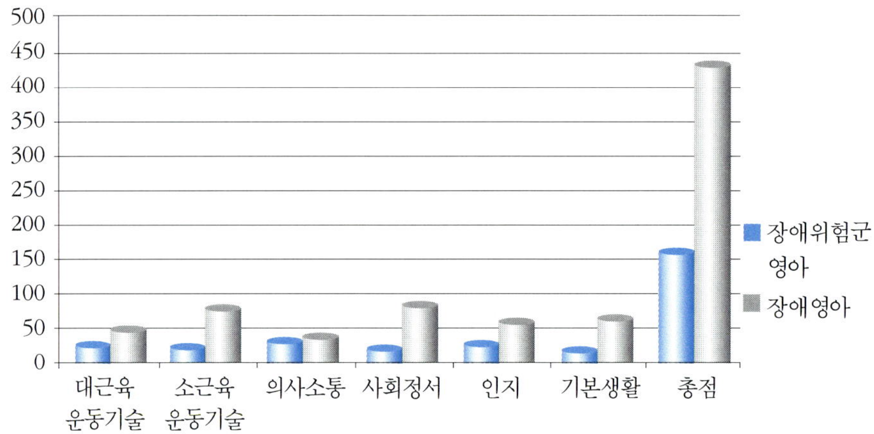

[그림 4] 장애위험군 영아 실험집단과 장애영아 실험집단의 점수 변화량 비교

④ 중재 교육프로그램의 효과검증

중재 교육프로그램의 효과를 통계적으로 검증하기 위하여, 장애위험군 영아와 장애영아 실험집단(총 20명)과 비교집단(총 21명)의 DEP 사전검사 점수를 공변인으로 통제한 후 사후검사 점수에 차이를 보기 위해 공분산분석을 실시하였다. 실험집단과 비교집단의 사전점수와 사후점수 및 조정된 사후점수의 평균과 표준편차는 〈표 9〉와 같다. 두 집단의 사전점수를 이용하여 조정된 사후점수를 살펴보면, 대근육 운동기술 영역의 경우 실험집단 평균 404.959점, 비교집단 379.324점이었으며, 소근육 운동기술 영역에서는 실험집단 414.942점, 비교집단 370.294점으로 나타났다. 의사소통 영역의 조정된 사후점수는 실험집단 338.743점, 비교집단 326.674점이었으며, 사회정서 영역은 실험집단 436.898점, 비교집단 392.002점이었다. 인지 영역의 경우 조정된 사후점수가 실험집단 364.385점, 비교집단 333.205점이었으며, 기본생활 영역에서는 실험집단 375.216점, 비교집단 330.509점이었다. 총점의 조정된 사후점수는 실험집단 2334.009점, 비교집단 213.086점으로 나타났다.

〈표 9〉 실험집단과 비교집단의 DEP 사전, 사후점수 및 조정된 사후점수의 평균과 표준편차

구분		사전점수		사후점수		조정된 사후점수	
		평균	표준편차	평균	표준편차	평균	표준오차
대근육 운동기술	실험집단(N=20)	383.50	111.910	426.75	89.623	404.959	5.626
	비교집단(N=21)	336.19	138.933	358.57	137.041	379.324	5.488
소근육 운동기술	실험집단(N=20)	360.75	101.739	426.00	93.550	414.942	8.054
	비교집단(N=21)	336.90	124.815	359.76	122.347	370.294	7.858
의사소통	실험집단(N=20)	306.00	152.018	347.75	146.184	338.743	5.604
	비교집단(N=21)	288.57	162.835	318.10	173.893	326.674	5.469
사회정서	실험집단(N=20)	382.75	97.663	448.75	70.541	436.898	11.383
	비교집단(N=21)	355.00	137.131	380.71	139.779	392.002	11.107
인지	실험집단(N=20)	320.25	121.466	373.50	97.496	364.385	6.745
	비교집단(N=21)	300.71	132.120	324.52	137.149	333.205	6.582
기본생활	실험집단(N=20)	320.25	99.214	382.25	85.417	375.216	5.797
	비교집단(N=21)	305.48	126.372	323.81	127.376	330.509	5.657
총점	실험집단(N=20)	2073.50	655.704	2405.00	542.356	2334.009	32.702
	비교집단(N=21)	1922.86	796.794	2065.48	802.599	2133.086	31.910

DEP 사전검사 점수를 공변인으로 통제한 후 조정된 DEP 사후검사 점수에 대해 분산분석을 실시한 결과는 〈표 10〉과 같다. 실험집단과 비교집단 간 대근육운동기술($F=10.450$, $p<.01$), 소근육운동기술($F=15.655$, $p<.001$), 사회정서($F=7.913$, $p<.01$), 인지($F=10.912$, $p<.01$), 기본생활($F=30.403$, $p<.001$) 및 총점($F=19.231$, $p<.01$)은 사후점수에서 유의미한 차이가 있는 것으로 나타났다. 따라서 중재 교육프로그램의 실시가 영아의 발달 증진을 도왔다는 것을 알 수 있다.

〈표 10〉 실험집단과 비교집단의 조정된 DEP 사후점수에 대한 공분산분석 (N=41)

구분	변량원	제곱합	자유도	평균제곱	F
대근육 운동기술	공변량(사전검사)	504608.935	1	504608.935	812.094***
	주효과(집단)	6493.245	1	6493.245	10.450**
	잔차	23611.958	38	621.367	
	합계	6870575.000	41		
운동기술	공변량(사전검사)	416647.661	1	416647.661	323.074***
	소근육주효과(집단)	20189.347	1	20189.347	15.655***
	잔차	49006.148	38	1289.635	
	합계	6813175.000	41		
의사소통	공변량(사전검사)	986967.565	1	986967.565	1573.847***
	주효과(집단)	1487.326	1	1487.326	2.372
	잔차	23829.995	38	627.105	
	합계	5554275.000	41		
사회정서	공변량(사전검사)	387542.704	1	387542.704	150.632***
	주효과(집단)	20359.421	1	20359.421	7.913**
	잔차	97765.332	38	2572.772	
	합계	7556650.000	41		
인지	공변량(사전검사)	522332.087	1	522332.087	575.854***
	주효과(집단)	9897.592	1	9897.592	10.912**
	잔차	34468.152	38	907.057	
	합계	5558475.000	41		
기본생활	공변량(사전검사)	437641.009	1	437641.009	652.735***
	주효과(집단)	20384.188	1	20384.188	30.403***
	잔차	25477.979	38	670.473	
	합계	5587325.000	41		
총점	공변량(사전검사)	17663990.860	1	17663990.860	830.574***
	주효과(집단)	408989.161	1	408989.161	19.231***
	잔차	808154.378	38	21267.220	
	합계	223742675.000	41		

$^{**}p < .01$, $^{***}p < .001$

4. DEP 조기중재 교육과정의 구성

1) 개요

DEP 조기중재 교육과정은 장애위험 영아에게 가능한 한 조기에 발달적 지원을 제공하여 이들이 장애영아가 될 가능성을 줄이고, 이미 장애진단을 받은 영아에게는 조기중재를 제공하기 위해서 개발되었다. 즉, DEP 조기중재 교육과정은 장애영아와 장애의 위험이 있는 영아 모두에게 취약한 발달 영역을 촉진할 수 있는 구체적 지침을 제공하고 있다.

영아에게 조기중재 교육과정을 제공하는 사람은 영아와 대부분의 시간을 함께 보내는 영아보육 및 교육기관의 교사 또는 부모다. 어린이집이나 장애인복지관과 같은 기관은 가정 다음으로 영아가 많은 시간을 보내는 곳으로 교사가 영아를 위한 계획을 수립하고 중재목표를 달성할 수 있는 자연스러운 환경이라 할 수 있다. 따라서 DEP 조기중재 교육과정은 교사에게 영아 선별 및 교육진단을 할 수 있는 틀을 제공함과 동시에 개별화교육프로그램(IEP)을 작성하고 실행하는 데 유용한 도구로 사용될 수 있다. 뿐만 아니라 장애영아나 장애위험 영아를 둔 부모가 자녀의 발달상의 문제를 조기에 발견하고, 발달을 지원할 수 있는 방법을 모색할 수 있는 지침을 제공하고 있다. 가정연계를 위해서 부모가 DEP 조기중재 교육과정을 사용할 경우에는 전문가의 도움을 받는 것이 좋다. 이처럼 DEP 조기중재 교육과정은 개별 영아의 요구에 적합한 지원을 제공하기 위해서 교사나 부모가 쉽게 영아를 지도할 수 있도록 구성하였다.

또한 일반적으로 조기중재는 장애영아나 장애위험 영아에게 제공되는 프로그램이지만, DEP 조기중재 교육과정은 일반영아에게도 유용하게 활용될 수 있도록 구성되어 있다. 일반영아의 경우 DEP를 통해 현재 발달 수준과 발달상의 강점과 취약점을 파악할 수 있고, 이를 바탕으로 하여 취약한 발달 영역을 촉진시키기 위해 DEP 조기중재 교육과정을 적용할 수 있다.

2) 이론적 관점

수많은 발달이론이 영아를 위한 교육이나 조기중재의 철학적 근거를 제공해 왔다. 그러나 어느 한 발달이론이 조기중재의 전부를 설명해 줄 수는 없으며, 각 발달이론이 조기중재에 기여한 부분이 서로 다르다. 본 DEP 조기중재 교육과정은 발달이론과 조기중재에 대한 다양한 이론적 관점 중 특히 피아제의 인지발달 이론과 스키너의 행동주의 이론, 비고츠키의 사회문화적 접근에 기초하여 개발되었다.

(1) 피아제의 인지발달 이론과 DEP 조기중재 교육과정

인지발달 이론의 대표적인 학자인 피아제(J. Piaget)는 '우리가 알고 있는 것을 어떻게 알게 되었는가?'에 대한 답을 제시하고 있다. 피아제에 따르면, 인간은 태어나면서부터 주변 환경을 탐색하고 조작하는 과정을 통해 어떠한 사물이나 사건에 대한 개념인 도식을 형성해 나간다고 보았다. 또한 인간은 환경에 적응하기 위해 자신의 도식을 변화시키기도 하고, 기존의 도식에 맞추어 환경을 이해하기도 한다. 이와 같은 관점에서 영아는 자신의 인지를 능동적으로 구조화해 나간다고 볼 수 있다. 또한 영아는 태어날 때부터 발달적으로 인지적 활동을 하기 위한 준비를 타고나지만, 풍부하고 자극적인 환경이 뒷받침될 때 최대의 효과를 발휘한다고 할 수 있다.

상기 피아제의 발달이론에 비추어 볼 때, 가정뿐만 아니라 보육시설과 같은 기관의 환경, 더 나아가 장애위험 영아에게 조기중재가 적절히 제공된다면, 영아의 인지적 향상에 큰 도움이 될 것이다. 기존의 조기중재 교수방법은 교사의 일방적인 지도를 강조하는 경향이 있었던 것이 사실이지만, 피아제의 발달이론은 영아가 시도하는 활동을 통한 능동적인 학습을 강조하였다는 점에서 의의가 있다. 즉, 조기중재에 있어서 무엇보다 중요한 것은 영아에게 동기 부여가 되는 활동을 계획하고, 영아가 능동적으로 참여하여 스스로 발달할 수 있도록 돕는 것이다.

(2) 스키너의 행동주의 이론과 DEP 조기중재 교육과정

스키너(B. F. Skinner)의 행동주의 이론에서 인간은 만족스러운 결과가 따르는 행동은 반복 수행하고, 만족스럽지 않은 결과가 따르는 행동은 하지 않으려는 경향이 있다고 보았다. 즉, 강화 또는 처벌을 통해 아동의 행동수정이 가능하며, 이러한 원리는 장애아동이나 발달지체를 보이는 아동은 물론이고, 일반아동을 지도할 때도 널리 사용되고 있다. 피아제가 아동을 능동적으로 지식을 구조화해 나가는 존재로 본 반면, 스키너는 아동의 발달을 어떠한 자극이 주어졌을 때 반응하는 경험이 쌓인 결과로 간주하며 아동을 수동적인 존재로 보았다.

조기중재를 실시함에 있어서 행동주의 이론으로부터 적용할 수 있는 원리로 강화와 처벌의 적절한 사용을 들 수 있다. 흔히 교육현장에서 자주 쓰이는 토큰(또는 스티커) 보상이나 타임아웃(영유아를 잠시 격리시켜 두는 것) 등이 행동주의 원리에서 비롯된 강화와 처벌 방법이다. 영아를 위한 조기중재에서도 정적 강화와 부적 강화, 처벌 등을 활용할 수 있는데, 정적 강화란 영아가 바람직한 행동을 했을 때 가치 있는 것을 제공하는 것이며, 부적 강화란 영아가 바람직한 행동을 했을 때 혐오스러운 것을 제거하는 것이다. 처벌은 바람직하지 않은 행동을 했을 때 가치 있는 것을 제거하거나, 혐오스러운 것을 주는 것을 말한다. 영아에게서 발달적으로 기대되는 행동, 즉 중재를 통해 이루고자 하는 목표행동을 끌어내기 위해 영아가 목표행동을 했을 때 칭찬을 사용하는 것이 가장 흔한 예라고 할 수 있다. 영아에게 먹을 것을 주거나, 좋아하는 장난감을 주는 것으로 보상하는 것도 목표행동을 이끌어 내기 위해 사용할 수 있지만, 물질적 보상을 지나치게 사용하면 영아가 그것에 의존할 수 있으므로 보상은 목표행동이 무엇인가에 따라 달리 사용하는 것이 좋다. 마찬가지로 어떤 목표행동에서는 혐오스러운 자극을 제거해 주는 것으로 보상해 줄 수도 있을 것이다. 그러나 조기중재를 실시할 때 영아에게 처벌 방법을 사용하는 것은 자칫 영아에게 두려운 경험이 될 수도 있으므로 피하도록 한다.

상기 행동주의 이론에서 주양육자가 영아의 어떠한 측면을 강화하는가에 따라 영아의 행동이 결정될 수 있다고 보는 것에 초점을 두고, 주양육자가 영아의 행동에 관심을 가지고 세심하게 관찰하는 것이 중요하다고 본다.

(3) 비고츠키의 사회문화적 접근과 DEP 조기중재 교육과정

비고츠키(L. S. Vygotsky)는 아동이 스스로 할 수 없는 과제를 다른 사람의 도움을 받으면 수행할 수 있다는 점을 강조하여, 성인의 역할을 매개로 하여 발달을 이루어 나간다고 보았다. 이때 아동이 스스로 할 수 있는 영역, 즉 현재 발달 수준과 성인의 도움을 받아 할 수 있는 영역과의 차이를 근접발달영역(zone of proximal development)이라고 한다. 그리고 근접발달영역 내에서 이루어지는 성인의 교수와 아동의 학습을 비계설정(scaffolding)이라고 한다. 즉, 비고츠키에 따르면 아동은 능동적으로 스스로를 구성해 나가는데, 이때 사회적 환경이 아동으로 하여금 새로운 능력을 갖출 수 있도록 지원하는 체계로서의 역할을 하는 것이다.

비고츠키 이론에 비추어 볼 때, 조기중재를 실행할 때 교사 또는 부모를 비롯한 주양육자는 영아의 학습에 있어서 매개자가 되어 영아의 잠재력을 최대한 이끌어 내야 한다. 주양육자가 영아에게 스스로 수행할 수 있는 경험만 제공하거나, 혼자 힘으로 수행하기 어려운 경험만 제공한다면, 영아의 발달을 지원하는 데 실패할 것이다. 대신 영아의 잠재적 발달수준을 고려하여 주양육자와 영아가 협력하여 과제나 활동을 수행할 때는 영아의 발달을 촉진시킬 수 있다. 그러므로 주양육자는 영아의 발달수준을 파악하고 있어야 하며, 영아의 관심과 흥미를 나타내는 활동에 대해 언제 개입해야 할지 적절한 순간을 잘 포착하여 지도하는 것이 중요하다.

또한 비고츠키 이론에서는 사회적 상호작용을 강조하는데, 걸음마기 이후 또래와의 상호작용이 가능한 영아의 경우에는 성인과 영아의 상호작용뿐만 아니라, 또래 또는 자신보다 발달 수준이 높은 영아나 유아와의 상호작용을 통해 현재의 발달 수준을 끌어올릴 수 있는 결과를 기대해 볼 수 있다. 그러나 장애영아나 발달지체 영아는 사회적 상호작용에서 제한될 가능성이 많다. 비고츠키는 이처럼 장애아동의 사회적 상호작용이 제한되기 때문에 사회적·언어적 기술을 습득할 수 없고, 여러 가지 발달에서 제한을 받는다고 보았다. 따라서 이러한 아동이 한 집단의 구성원으로서 그 문화의 활동에 통합될 때 장애 때문에 생기는 문제를 보상받을 수 있다고 보고, 교육에서의 통합을 주장하였다.

3) 개발 시 접근 방식

본 교육과정은 다음과 같이 횡단적 방법과 종단적 방법의 두 가지 방법을 접목해서 개발하였다(〈표 11〉 참조).

(1) 횡단적 접근방법

본 교육과정은 영아기(0~36개월)에 일어나는 발달과정 영역인 대근육 운동기술, 소근육 운동기술, 의사소통, 사회정서, 인지, 기본생활에 대한 정보를 제공한다. 따라서 양육자는 영아가 어떤 시기가 되면 반드시 똑같이 나타나지는 않더라도 동시에 보이는 발달 경로의 범위를 알게 된다.

(2) 종단적 접근방법

본 교육과정은 횡단적 접근 방법과 더불어 영아기 동안 0~3개월, 4~6개월,

〈표 11〉 횡단 및 종단적 접근 방법

발달 영역 / 나이	대근육 운동기술	사회정서	소근육 운동기술	의사소통	인지	기본생활
0~3개월			종단적 접근			
4~6개월						
7~9개월						
10~12개월						
13~18개월					횡단적 접근	
19~24개월						
25~30개월						
31~36개월						

7~9개월, 10~12개월, 13~18개월, 19~24개월, 25~30개월, 31~36개월의 월령별 발달 영역에 따라 종단적인 접근의 정보를 준다. 따라서 양육자는 영아가 정상 범위의 발달 중 몇 개월 수준에 위치해 있는지 알 수 있고 이에 따라 적절한 지원을 할 수 있게 한다. 그러나 각 월령별 종단적인 접근은 기준일 뿐이며, 양육자는 발달 양상이 영아 개개인에 따라 차이를 보일 수 있으며 상황에 따라 매우 다양할 수 있다는 것을 유념해야 한다.

본 교육과정은 발달 영역별 횡단적인 접근방법과 0~36개월까지의 연령별 종단적인 접근 방법을 병행함으로써 영아의 발달을 촉진할 수 있도록 월령과 발달 영역의 적절성을 모두 고려하여 구성되었다.

4) 내용 구성

본 교육과정은 각 발달 영역을 총 8개 구간의 월령별 발달에 따라 다음과 같이 구성하였다(〈표 12〉 참조).

〈표 12〉 DEP 조기중재 교육과정의 영역 구성과 월령별 문항수

영역 구성 \ 월령	0~3 개월	4~6 개월	7~9 개월	10~12 개월	13~18 개월	19~24 개월	25~30 개월	31~36 개월	전체
대근육 운동기술	6	7	7	8	6	8	8	6	56
소근육 운동기술	8	8	6	8	6	7	6	7	56
의사소통	6	7	7	7	6	8	11	16	68
사회정서	6	10	6	7	7	6	6	7	55
인지	6	6	6	7	7	7	9	9	57
기본생활	6	6	6	7	6	9	6	6	52
전체	38	44	38	44	38	45	46	51	344

(1) 연령별 구성

생후 12개월 전에는 월령별로 발달 정도가 크므로 3개월을 1구간으로 하여서 총 4구간(0~3개월, 4~6개월, 7~9개월, 10~12개월)으로 연령을 구성하였다. 그리고 12개월 이후에는 6개월을 1구간으로 하여서 총 4구간(13~18개월, 19~24개월, 25~30개월, 31~36개월)으로 연령을 구성함으로써 전체 8개 구간으로 교육과정을 구성하였다.

(2) 발달 영역별 구성

영아기의 중요한 발달 영역인 대근육 운동기술, 소근육 운동기술, 의사소통, 사

〈표 13〉 DEP 조기중재 교육과정의 발달 영역 구성내용

영역 구성	내용
대근육 운동기술	고개 들기, 앉기, 기기, 서기, 계단 오르내리기, 달리기, 점프하기, 균형 잡기 등
소근육 운동기술	눈동자의 움직임, 손과 손가락의 사용, 눈과 손의 협응 등
의사소통	발성, 옹알이, 듣기, 이해하기, 말하기, 의문어, 부정어, 시제의 사용 등
사회정서	양육자와의 상호작용, 또래와의 상호작용, 자아개념, 다양한 감정 표현 등
인지	대상영속성, 인과관계, 모방, 상징, 문제해결, 수 개념, 분류 등
기본생활	음식 먹기, 배변 훈련, 손 씻기, 옷 벗고 입기 등

회정서, 인지, 기본생활의 6개 영역으로 구성하였다(〈표 13〉 참조).

5) 적용 원칙

조기중재는 단독적으로 이루어지는 것이 아니라, 선별(screening)과 교육진단(assessment), 조기중재(early intervention), 교육 후의 진보 평가(evaluation)가 밀접하게 연결(link)되어 있는 과정 내에서 이루어져야 한다(Bagnato, Neisworth, & Munson, 1997). [그림 5]에서 볼 수 있듯이, 처음에 선별과정에서 장애 여부가 가려지면, 장애영아의 교육계획을 수립하기 위한 절절한 정보를 수집하기 위해 교육적 진단과정에 들어가게 된다. 교육진단에서 얻은 정보를 기초로 한 교육계획이 설정되면 중재를 하고, 중재가 적절하였는지를 평가한다. 이 과정이 진행되면서 장애영아에 대한 폭넓고 대략적이던 정보가 점점 좁고 정밀한 정보로 바뀌게 된다. 또한 모든 과정은 통합적으로 이루어지며, 마지막 단계인 평가를 한 다음 모든 과정이 종료되는 것이 아니라 평가 결과에 기초해 다시 선별과 교육진단, 조기중재로 이어지는 순환적인 과정으로 진행된다.

DEP 조기중재 교육과정은 위의 선별에서부터 교육진단, 조기중재, 평가에 이르기까지의 과정에 따라 구성되어 있다. 우선 DEP를 통해 영아의 발달 수준을 파

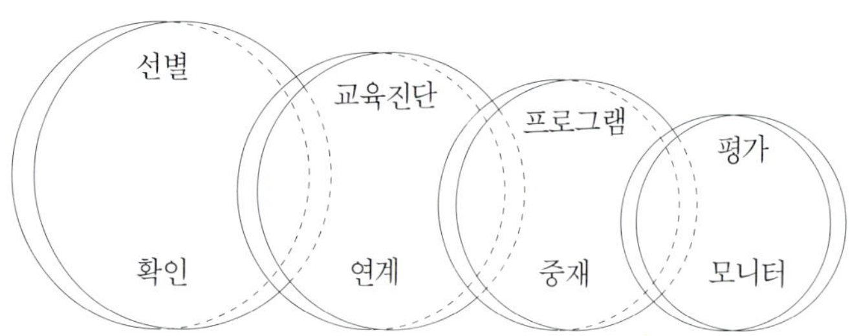

[그림 5] 선별, 교육진단, 중재와의 연계

출처: Bagnato, Neisworth, & Munson(1997).

악하여 선별할 수 있다. 즉, DEP는 영아의 발달이 정상적으로 진행되고 있는지, 아니면 장애위험이 있는지 확인하기 위한 목적으로 사용된다. 만약 DEP를 통해 영아가 장애위험이 있는 것으로 선별되면, 발달에 대한 심층적인 교육진단이 이루어지며 이때는 교사 등의 발달 전문가가 영아를 형식적 또는 비형식적인 방법으로 평가할 수 있다. 예를 들어, 교사는 심층적인 발달 검사를 의뢰하거나, 자신이 직접 체크리스트, 관찰 등의 형식적 방법을 통해 영아의 발달 수준을 확인해 볼 수 있다. 또는 부모를 비롯한 양육자와의 일상적인 대화나 상담을 하거나 일과 내에서 영아를 관찰하는 것과 같이 비형식적 방법을 통해 영아의 발달에 대한 정보를 모을 수 있다. 다음으로 교육진단을 통해 얻은 정보로 교육계획을 설정하여 조기중재를 제공하게 된다. 이 과정에서는 영아의 발달에서 취약한 부분을 촉진시키기 위한 교육적 경험을 제공함과 동시에 부모를 비롯한 양육자에게는 양육지침과 놀이지도 방법을 소개하여 가족이 적극적으로 조기중재 과정에 참여할 수 있도록 유도한다. 마지막 단계에서는 조기중재가 효과적으로 적용되었는지를 평가하게 된다.

02 조기중재 교육과정 계획–실행–평가하기

본 DEP 조기중재 교육과정은 영아선별 · 교육진단검사(DEP) 문항과의 연계선상에서 구성되었다. 아울러 DEP 조기중재 교육과정 내용을 구성하고 계획하는 데 있어 다음의 몇 가지 원칙이 고려되었다.

1. DEP 조기중재 교육과정 계획의 주요 원칙

1) 교육대상에 대한 단순한 자극과 교육 이상이다

(1) 자극

자극(stimulus)은 영아의 욕구나 반응에 관계없이 일방적으로 외부에서 주어지는 것이다.

예 영아의 욕구나 관심에 대한 고려 없이 일방적으로 양육자/교사가 플래시 카드를 보여 주거나, 영아가 주도하게 하기보다는 교사가 준비한 활동(예: 영아에게 계속 거울을 보여 주며 "거울 안에 있는 것이 누구니?" 질문하기)을 일방적으로 제시하여 진행한다.

(2) 교육

교육(education)은 영아의 다양한 욕구나 현행 발달 수준에 맞추어 바람직한 방식으로 반응하고, 관계를 맺고, 의사소통(two-way: 양방향)하는 긍정적 결과로 발생하는 것이다.

예 12개월 미만의 영아와 함께 거울을 활용하여 까꿍놀이를 진행하는 경우, 까꿍놀이를 천천히 하면서 영아가 다른 영아를 보려는 욕구를 나타내었을 때, 거울을 돌려 다른 영아의 모습을 가려지게 했다 나오게 했다 하며 영아의 요구에 민감하게 반응해 준다.

(3) 조기중재

조기중재(early intervention)는 장애나 발달지체(선천적이거나 후천적인 환경의 영향)로 인해 일상적인 행동과 생활을 정상적으로 할 수 없는 취학 전 아동과 그 가족에게 제공되는 교육과 발달 촉진을 위한 관련 서비스(Bagnato, Neisworth, & Munson, 1997)라고 정의할 수 있다.

여기에서는 조기중재를 발달에 취약한(장애위험군) 0~36개월의 영아와 주양육자를 위해 지속적이고 체계적인 서비스 지원을 통해 현재 영아의 발달지체 속도를 감소시키고 이후 결손을 예방하는 것으로 본다.

예 앞서 제시한 까꿍놀이를 진행하는 데 있어 일반영아와는 달리 발달지체나 장애영아인 경우에는 이들의 현행 발달 수준과 욕구 및 관심을 최대한 반영하여 단계적으로 진행한다. 영아가 거울 속에 비친 자신을 대상으로 까꿍놀이에 관심을 보일 수 있도록 영아의 욕구(예: 거울 속에 비친 다른 사람의 모습에서 자신의 모습에 관심 가지기)에 초점을 두고 점차적으로 중재교육을 진행한다. 까꿍놀이의 궁극적인 목적은 영아-양육자와의 초기 애착관계 형성, 대상영속성 개념 습득이므로 양육자/교사는 이러한 교육의 목적을 달성하기 위해 준비한 활동을 진행하면서 동시에 영아가 현재 관심을 보이는 것에 초점을 두고 천천히 영아 스스로 이 활동을 궁극적으로 주도할 수 있도록 개입 시기와 정도를 조절한다.

(4) 인간발달의 관점에서 조기중재 교육의 중요성

다음의 인간발달 현상과 관련된 원리를 구체적으로 살펴볼 때, 조기중재 교육과정의 필요성이 부각된다.

1 적기성의 원리

어떤 발달 단계는 그때가 특정한 경험, 학습, 과업을 성취할 수 있는 적시적인 기회이며, 이에 앞서 무리를 하거나 이때를 놓치면 다른 때에는 그만큼 효과가 적다는 원리를 말한다.

① 결정적 시기

발달이 가장 용이하게 이루어지는 최적의 시기를 결정적 시기(critical period)라고 한다. 특정 기술이나 행동의 발달이 결정적 시기 이전이나 이후에 전혀 이루어지지 않는 것은 아니지만, 이 시기를 놓치게 되면 발달 가능성이 매우 낮다고 본다.

동물행동학자인 로렌츠(Konrad Lorenz, 1961: Eliason & Jenkins, 1999 재인용)

는 어린 새끼거위가 생후 특정 시기에 어미에게 노출되면 이 대상에 대해 추종반응을 나타내며, 비교적 영구적인 유대감을 형성하게 된다는 각인(imprinting) 현상을 통해 결정적 시기라는 개념을 설명하였다.

> 예 출생 시 완벽한 뇌의 구조와 기능을 가지고 태어나더라도 시지각 발달의 결정적 시기인 2세까지 시지각적 자극을 받지 못하면 이후 시각장애인이 될 수 있다. 또한 언어발달의 결정적 시기인 8세 이전까지 언어자극에 노출되지 않으면 모국어를 학습하지 못할 수 있다.

② 민감한 시기

최근에 들어와서는 결정적 시기라는 용어보다는 민감한 시기(sensitive period)라는 용어를 더 많이 사용하는데, 이는 거위와 같은 하등동물에 그대로 적용하기에는 제한점이 있다.

유기체의 경험은 매 순간마다의 경험에 의존하기 때문에 인간의 행동발달을 이해하는 데 있어서 결정적 시기는 고정 불변적이 아니며, 환경조건을 인위적으로 조작함으로써 결정적 시기는 상당 기간 동안 확대될 수 있다.

이후 환경적 경험의 결과로 일생 동안 지속적으로 변화하는 뇌의 능력을 가소성(plasticity)이라고 하며, 인간의 발달을 설명하는 데 있어서는 결정적 시기라는 개념보다는 민감한 시기가 더 적합하다. 민감한 시기에 학습과 발달이 더욱 잘 일어날 수 있으며, 이 시기를 놓치면 기회의 창이 줄어든 후에도 각 영역에서 발달과 학습이 가능하나 숙련도 면에서는 상대적으로 떨어지는 경향을 보인다.

2 기초성의 원리

어릴 때의 경험 여하가 이후 발달의 기초가 된다는 원리다.

예 생후 1년간 영양 부족이었다가 그 이후 잘 먹은 아이와 생후 1년간 잘 먹고 그 후 1년간 영양이 부족한 경우 전자의 경우가 더 왜소하고 허약하며 신체발달상의 장애나 후유증이 심하다.

3 누적성의 원리

인간발달에서의 빈익빈 부익부의 기제로서 앞 단계에서 잘못되면 그것이 원인이 되어 다음 단계에서는 더 잘못되고 이것이 계속 누적되어 그다음 단계는 더 잘못된다는 원리다.

4 불가역성의 원리(불가회복성의 원리)

'돌아가지 못하는 강'과 마찬가지로 발달의 한 단계에서 잘못된 것을 다음 단계에서 교정 또는 보완하는 데 있어 어느 정도 제약성이 있다는 원리다.

예 장애영아로 판정을 받은 경우에는 타고난 장애로 인해 적기에 적절한 발달을 하기가 일반영아에 비해 상대적으로 어렵다.

5 가소성의 원리

인간은 인생 초기의 부정적 영향을 극복할 수 있는 가소성을 가지고 있기 때문에, 외부의 적절한 도움과 지원에 의해 초기 부정적 영향에서 어느 정도 벗어날 수 있는 가능성을 가지고 있다.

예 선별검사 당시 15개월 영아가 언어발달 지체 현상을 보였지만, 그 이후 6개월 이상 조기 언어중재 프로그램을 집중적으로 제공받아 2차 선별검사에서 동일 연령대에 속한 영아의 언어 수준으로 향상되었다.

2) 영아의 흥미와 요구, 현행 발달 수준을 최대한 고려한다

영아를 교육과정 계획의 '적극적 동반자(active partner)'로 인식하고 영아의 흥미와 요구가 무엇인지 살펴야 한다. 또한 영아의 흥미와 요구에 '반응적 교육과정(responsive curriculum)'을 실현하도록 노력한다. 이에 교육활동은 영아의 현행 발달 수준 내에서 주양육자의 지원을 받아 성취할 수 있는 '가능성을 계획(possibility plans)'하는 수준으로 정한다.

3) 영아에게 의미 있는 일상생활을 최대한 반영한다

영아의 일상생활이 조기중재 교육과정의 핵심 요소가 되어야 하는 이유를 살펴보면 다음과 같다.

- 주양육자/교사는 먹이기, 재우기, 기저귀 갈기 등 일상생활을 돌보는 비중이 크기 때문에 자신이 영아를 양육하고 교육하는 데 있어 전문성이 없다고 생각하는 경우가 있다. 특히 장애영아와 장애위험 영아를 양육하고 교육하는 경우에는 이러한 주양육자의 자신감이 결여될 수 있는 가능성이 더욱 크다고 볼 수 있다.
- 영아기는 일상의 자연스러운 삶과 가장 근접한 방식으로 학습할 때 가장 잘 배우는 시기다. 따라서 영아기에 그들의 일상과 관련이 없는 생활주제를 인

위적으로 선정하고 인위적인 시기에 학습하도록 하는 것은 무의미하고 부적절한 자극에 지나지 않는다.

- 영아기는 일상생활에서의 반복적 경험을 통해 주변의 사물과 사람에 대해 탐색하고 이해하고 알아가는 시기다. 따라서 어떤 주제를 선택하든지(DEP 선별검사도구 문항의 수행 여부에 따른 목표행동 성취와의 연계선상에서) 그것이 '영아에게 얼마나 의미가 있는 것인가? 영아의 일상의 삶 속에서 반복해서 경험할 수 있는가?' 에 대해 충분히 사전에 고민해 봐야 한다.
- 같은 경험을 100회 이상을 반복하더라도 영아의 현재 발달 수준, 능력, 그 당시 시간적 · 공간적 · 상황적 맥락, 상대자의 반응에 따라 영아는 매번 유사하지만 다른 경험을 하게 된다. 같은 것을 다르게 경험하는 것의 반복을 통해 영아는 그것에 대한 총체적 이해가 가능해진다.
- 이에 영아의 자연스러운 일과 내에서 발생할 수 있는 다양한 경험인 먹기, 자기, 씻기, 옷 입기, 벗기, 기저귀 갈기/화장실 사용하기, 놀이, 성인이나 또래 영아와의 상호작용하기 등과 같은 일련의 활동이 모두 영아 중심의 중재교육과정이 될 수 있음을 인식해야 한다. 즉, 조기중재 교육과정으로 영아에게 의미 있는 일상생활이 모두 교육적 가치가 있음을 지각해야 한다.
- 영아기에는 성인주도 활동 또는 의도적으로 준비되고 구성된 대/소집단 활동보다는 성인과 영아 또는 영아와 또래 영아 사이에서 자연스럽게 일어나는 일상적인 개별 상호작용 내의 다양한 경험을 통해 성장하고 학습할 수 있도록 한다.
- 동일 월령단계에 속한 일반영아 간에도 발달의 개인차가 매우 심한 시기다. 0세 반의 영아를 한 집단으로 구성할 때, 3개월의 영아와 11개월 영아는 신체, 언어, 인지, 사회-정서 측면에서 많은 차이를 보인다. 이러한 차이는 25개월 영아부터 36개월 영아로 구성된 만 2세 반에서도 마찬가지로 발달의 개인차를 보인다. 따라서 한 가지 교육주제와 소주제를 선정하는 것보다는 동일 월

령/연령대에서도 수준을 고려한 교육내용을 구성하는 것이 바람직하다. 특히 장애영아와 장애위험 영아를 양육하고 교육하는 경우 해당 월령대의 일반 영아가 성취해야 하는 각 발달 영역별 발달이정표에 근간을 두고 조기중재 교육의 목표를 설정해야 한다. 다만 교육대상 영아의 현행 발달수준과 성취 가능한 발달 수준 사이에서 어느 정도 성인(주양육자/교사)의 지원과 개입이 얼마 동안 필요한가를 고려해야 한다.

예 자연스러운 일과 내에서 교육적 효과를 끌어낼 수 있는 예로 주양육자/교사와 함께 놀고 난 후 사용한 놀잇감을 정리 · 정돈하는 것이 영아의 각 영역의 발달에 미치는 긍정적 효과를 구체적으로 살펴보면 다음과 같다.

(1) 기본생활습관

놀이 후 정리 · 정돈하는 일상생활 습관을 형성하고 키울 수 있다.

(2) 대소근육발달

놀이하면서 블록을 해체하거나 바닥에 떨어진 작은 놀잇감을 손으로 집으면서 소근육을 사용할 기회를 가진다. 또한 큰 놀잇감이나 바구니를 제자리에 옮기면서 대근육을 사용할 기회를 가진다.

(3) 인지발달

자신이 사용한 놀잇감과 사용하지 않은 놀잇감을 정리하면서 여러 가지 놀잇감에 대해 탐색할 수 있는 기회를 가진다. 다양한 재질의 놀잇감을 탐색하고 정리하면서 감각적 경험을 할 기회를 가진다. 놀잇감을 세사리에 정리 · 정돈하는 과정에서 어디에 두어야 하는지에 대한 문제를 해결할 기회를 가진다. 비슷한 월령의 또래 영아와 함께 정리 · 정돈하는 과정에서 서로 먼저 치우겠다고 함으로써 발생한 갈등 상황을 해결하는 과정에서 대인 간 문제해결 기회를 가진다.

(4) 언어발달

누가, 무엇을, 어디에, 어떻게 정리 · 정돈을 하는지에 대해 서로 이야기하고 듣고 의논하는 과정에서 효과적인 의사소통 방식을 배울 수 있는 기회를 가진다.

(5) 사회정서발달

놀잇감을 정리 · 정돈하는 과정에서 성인(주양육자/교사)의 격려와 칭찬을 듣고 정리된 상황을 보는 것을 통해 성취감을 느낄 수 있다. 놀잇감을 정리 · 정돈하는 과정에서 성인과의 개별적인 친밀 관계를 형성할 수 있다. 다른 또래 영아나 또래 형제자매와 함께 놀잇감을 정리 · 정돈하는 과정에서 치우는 것을 서로 도와줌으로써 친사회적 기술을 실천할 수 있는 기회를 가진다.

4) 궁극적으로 영아의 자발적 놀이참여를 지향한다

일반적인 영아를 위한 바람직한 교육과정은 그들의 내적 동기를 최대한 유발하여 자기주도적인 놀이활동을 통해 교육적 가치를 끌어내는 것이다. 장애영아와 장애위험 영아도 그들이 가진 내적 동기를 최대한 유발시켜 처음에는 성인에 의해 시도된 활동이더라도 단계적으로 영아가 주도하여 놀이활동을 할 수 있도록 지원하는 것이 조기중재 교육과정의 목표다. 일상생활 속에서 영아는 주양육자와의 자연스러운 놀이활동에 참여함으로써 다양한 기술을 연습해 볼 수 있는 기회를 제공받아야 한다.

5) 영아가 스스로 세상의 움직임을 배울 수 있도록 지원한다

조기중재 교육의 궁극적인 목표는 교육대상 영아가 세상을 살아가는 데 필요한 동력을 갖추고 자신을 둘러싼 세상의 움직임을 스스로 배울 수 있게 하는 것이다.

영아의 발달은 그들의 신체, 인지, 언어, 사회-정서 측면에서 그들에게 주어진 여러 가지 문제를 해결해 나가는 것이다.

예 둥근 공에 관심을 보여 계속 잡고 있기만 한 영아는 공을 땅에 놓고 굴려 보라는 양육자/교사의 말에 놓지 않고 여전히 들고만 있다. 이는 공을 놓으면 다른 사람이 가져갈 것이라는 걱정과 또 놓으면 어디로 사라질 것이라는 불안감 때문에 나타나는 행동이다. 그러다가 손에서 공을 놓친 후 공은 잘 굴러가고, 다른 사람이 가져가지도 않는다는 것을 우연히 확인하고 관찰하게 되면서 공과 움직임에 대한 개념을 인식하기 시작한다. 이후 스스로 공을 굴려 보면서 경사가 있는 길에서 공을 올라가게 하기보다는 내려가게 하는 것이 더 쉽다는 것을 이해하게 된다.

6) 우연한 사건의 교육적 가치를 인정한다

우연히 발생한 사건에도 앞서 언급한 영아의 흥미와 관심사가 반영되는 경우가 많기 때문에 교육적 가치가 있을 수 있다. 그러나 모든 우연한 사건이 교육프로그램에 반영되는 것은 아니다. 다음의 몇 가지 요소를 충족시킬 수 있는지 평가한 후 교육내용에 반영해야 한다.

- ☑ 사회, 문화, 교육적으로 가치 있는가?
- ☑ 영아에게서 현재 발현되려고 하는 능력이나 기술을 촉진시킬 수 있는가?
- ☑ 영아가 이미 가지고 있는 능력이나 기술을 더욱 공고하고 세련되게 발달시킬 수 있는가?
- ☑ 영아가 일상생활 속에서 이미 경험한 것을 유의미하게 활용할 수 있는가?
- ☑ 영아의 신체, 인지, 언어, 사회-정서적 발달을 통합시켜 줄 수 있는가?

2. DEP 조기중재 교육과정 구성 시 활동배열의 원리

1) 원리 1: 능력 발달 순서와 능력 수준 고려

각 발달 영역에 걸쳐 연속적으로 발달하는 능력 발달 순서 또는 능력 수준을 고려하여 구성하였다.

발달의 순서와 연속성이 두드러지는 영역은 특히 발달에 적절한 활동을 단계적으로 계획하는 것이 중요하다.

- 걷기 능력 발달/능력 수준 고려하기: 신체발달(대근육 운동기술 발달) 중 '걷기'의 영역 안에도 세부 발달종목이 있다.

예 첫 한두 걸음 발 떼어 걷기
- 매일 생활 속에서 자연스럽게 걷기
- 걸으면서 속도와 방향 바꾸기
- 선 따라 걷기(보도블록 따라 걷기 / 교사가 그은 선이나 테이프 따라 걷기)
- 균형 잡기(넓고 낮은 곳에서 걷기→넓고 높은 곳에서 걷기→좁고 낮은 곳에서 걷기→좁고 높은 곳에서 걷기)

- 영아의 현행 수준에 따라 각 영역을 연속적으로 발달시킬 수 있도록 다양한 활동과 성인(주양육자/교사)의 비계설정(적극적인 지원과 개입)이 필요하다.

2) 원리 2: 영아 간 개인차와 영아 개인 내 차이 고려

동일 월령대에 속해 있는 영아 간 개인차(interpersonal differences)가 있다는 것과 발달 영역별로 동일 대상인 영아 개인 내(intrapersonal differences) 수준 차이가 있음을 고려하여 구성하였다.

개인차는 발달의 차이 외에도 성향의 차이, 기질의 차이, 경험의 유무, 사회문화적인 차이 등에서 비롯된다. 이에 동일 월령대에 속한 영아라고 다양한 수준의 영아가 자신의 현행 능력에 맞게 참여할 수 있도록 어느 정도 개방적이고 융통성 있는 활동이 진행될 수 있도록 해야 한다.

> 예 동일 월령대에 속한 영아라도 개별 영아의 소근육 발달 정도에 따라 엄지와 검지를 사용하여 핑거푸드 과자를 집을 수 있는 활동을 제공하거나, 손으로 쥐기 쉬운 헝겊 공을 제공하여 손으로 감쌀 수 있는 활동으로 대체할 수 있다. 다른 영아에 비해 소근육 기술이 상대적으로 빠른 영아인 경우에는 한두 개의 크기가 다른 구멍 중에서 크기가 큰 구멍에 손목 전체를 사용하여 헝겊 공을 넣게 하는 활동을 제시할 수도 있다.

3) 원리 3: 다중 목표의 동시 달성 고려

대근육 운동기술, 소근육 운동기술, 의사소통, 인지, 사회정서, 기본생활 발달의 다양한 목표를 동시에 달성할 수 있는 활동으로 구성하였다.

36개월 이전의 영아는 발달의 각 영역이 분리되었기보다는 통합적으로 이루어진다. 본 조기중재 교육프로그램에서 제시된 각 영역별 및 월령별 목표행동 특성에 따라 어느 특정 영역의 발달이 더 촉진되기는 하지만 다른 영역의 발달도 동시에 이루어질 수 있다.

• 주양육자/교사는 어떤 목표활동을 실시하더라도 이러한 영아기의 발달적 특성을 고려하여 모든 영역의 발달이 촉진될 수 있는 방식으로 진행해야 한다.

예 4~6개월 기본생활 영역의 목표행동인 '숟가락으로 음식을 주면 받아먹는다'는 영아가 일과 중 식사시간에 도구를 이용하여 바람직한 식사예절을 습득하는 데 필요한 사전단계로 기초적인 기본생활습관(자조기술)을 습득하기 위해 설정된 것이다. 그러나 영아는 숟가락으로 양육자가 주는 음식을 받아먹으면서도 주양육자에게 관심을 가지고 비언어적인 상호작용(예: 미소 짓기, 웃기, 양육자에게 팔을 뻗기)을 시도할 수 있다. 이때 주양육자 역시 비언어 또는 언어로 반응해 줌으로써 초기 긍정적인 애착 및 언어발달에 도움을 줄 수 있다.

• 한 가지 목표 활동 안에서 가능한 한 다른 영역의 목표를 다양하게 달성할 수 있는 방식으로 활동을 전개하는 것이 바람직하다.

예 19~24개월 기본생활 영역의 목표행동인 '먹을 수 있는 것과 먹을 수 없는 것을 구분한다'를 성취하는 것은 이 시기 영아의 생존과 관련되며, 이후 건강한 성장발달에 반드시 필요한 능력이다. 이 활동을 전개하는 데 있어 부드러운 반투명 젤리를 사용하여 젤리의 촉감, 색, 향을 탐색함으로써 감각 및 탐색 능력을 발달시킬 수 있고, 젤리를 만져 본 느낌에 대해 이야기를 나눔으로써 초기 의사소통 능력을 발달시킬 수 있으며, 주양육자/교사/또래와 즐겁게 활동함으로써 관계 형성 및 사회성을 발달시킬 수 있다. 또한 먹는 젤리를 눈에 비춰 보아 색이 다르게 보이는 것을 관찰하고 먹지 못하는 다른 놀잇감과 비교하는 활동을 제시함으로써 문제 해결능력 등을 향상시킬 수도 있다.

- 한 가지 활동 안에서 한 가지 영역의 주된 목표를 달성하되, 모든 영역을 서로 연계하여 활동에서 전개하는 것이 바람직하다.

4) 원리 4: 일상생활에서의 경험 반영 고려

가정에서 자연스러운 일과 내에서 영아의 이전 경험이 반영되거나 이러한 경험을 적극적이면서 반복적으로 활용할 수 있는 활동으로 구성하였다.

각 영아마다 사회적 · 환경적 맥락이 다르며, 이는 경험할 수 있는 활동의 범위가 다르다는 것을 의미한다. 영아는 이와 같이 자신이 처한 사회적 · 환경적 맥락에서 누구와 무엇을 어떤 방식으로 경험했는가를 기초로 하여 성장 · 발달한다. 새로운 환경이나 활동을 접했을 때 영아는 자신이 이전에 어떠한 경험을 했는지를 토대로 하여 해석한다.

- 주양육자/교사는 영아가 사전 경험과 관련 있는 활동을 선택하는 것이 바람직하며, 활동을 실시할 때도 영아의 이러한 사전 경험이 새로운 목표행동을 성취하는 데 있어 어떤 영향을 미치는지 세밀하게 관찰하여 평가해야 한다.
- 주양육자/교사는 같은 또는 유사한 종류나 주제의 활동을 영아의 발달, 성장, 흥미에 맞게 조정하여 영아가 자연스러운 일과 내에서 의미 있게 반복적으로 경험할 수 있도록 노력해야 한다.

5) 원리 5: DEP 발달이정표 고려

영아의 현행 발달단계에 적절한 활동내용을 선정하는 데 있어 영아선별 · 교육진단검사(DEP)의 0~36개월 영아기 6개의 발달 영역에 걸쳐 총 8개의 월령 단계별로 반드시 수행해야 할 발달이정표(developmental milestones)에 근거하여 내용을 구성하였다.

비고츠키 이론에 따르면 자신의 발달단계에 적절한 활동을 선정하여 할 때, 교육적 목표를 가장 효과적으로 성취할 수 있다.

- 현행 발달 단계보다 지나치게 쉽거나 어려우면 영아의 흥미도가 떨어진다.
- 정상발달 영아인 경우에는 현행 발달 수준보다 약간 높은 주양육자/교사의 지지나 지원을 받아 수행할 수 있는 수준의 활동을 선정할 때, 도전과 성취욕구가 촉진될 수 있다.
- 발달지체 영아인 경우에는 현재 영아가 속해 있는 현행 발달 수준에 대한 정확한 진단과 이해가 선행되어야 하며, 목표행동의 성취 여부는 교육대상 영아의 동일 월령집단의 일반영아가 수행할 수 있는 행동을 규준으로 삼아야 한다.

6) 원리 6: 가정과 교육기관의 연계 고려

목표행동 성취를 위해서 활동을 진행하는 과정(초기, 중기, 이후)에서 주양육자/교사의 지원과 개입 정도를 조정할 수 있도록 하고, 나아가 교육기관과 가정과의 원활한 연계가 가능하도록 활동을 구성하였다.

3. DEP 조기중재 교육과정 실행하기

1) 주양육자/교사의 의사결정자로서의 역할

조기중재 교육프로그램 진행 시 주양육자는 목표행동 성취를 위한 활동진행자로서 의사결정자 역할을 해야 한다.

(1) 의사결정이 왜 필요한가

주양육자는 목표행동 성취라는 교육적 효과를 최대한 산출하기 위해 매순간 중요한 의사결정을 해야 한다. 이때 의사결정의 범위에는 성취목표 설정, 활동진행을 위한 준비자료 준비, 영아의 반응을 고려한 민감하고 즉시적인 대응 등이 포함된다.

(2) 의사결정의 주요 요소

의사결정 시 주양육자는 다음 사항에 유념해야 한다.

[1] 목표행동(교육목표) 성취의 중요성 인식하기

교육활동을 통해 어떤 교육목표를 달성하기를 기대하는가?

[2] 관련 자료(활동준비물)

설정된 교육목표 달성을 위해 필요한 준비물/자료는 무엇인가?

[3] 목표행동 성취를 위한 지도

교육활동을 실시하는 과정에서 교육대상 영아의 흥미, 욕구, 경험, 이해 정도, 현행 발달 수준을 총체적으로 고려하여 영아의 반응을 이끌어 내고, 이를 바탕으로 하여 반응중심적인 교육활동을 진행하는 것이 바람직하다.

[4] 일상생활에서의 지도

영아와 함께 생활하는 일과 안에서 언제 어떻게 지도를 하여야 할 것인가? 목표행동 성취를 위한 지도과정을 통해서 습득이 가능해지면 자연환경인 교육기관 또는 가정의 다양한 상황에서 지도한다.

⑤ 고려사항

전반적인 지도과정에서 중재자가 알아 두어야 할 점은 무엇인가? 특히 시각장애, 청각장애, 지체장애 영아를 지도할 때에 고려해야 할 점에 대해서 숙지하고 지도하여야 한다.

⑥ 영아의 반응중심적인 적극적이고 민감한 교사의 대응

영아의 의도나 흥미, 영아의 발달 수준, 이전 경험이나 추후 진행될 활동과의 연계 등 다양한 요인을 고려하여 주양육자/교사는 목표행동 성취를 위해 매일의 활동 속에서 지속적으로 상호작용을 실시해야 한다.

2) 영아-주양육자/교사의 상호작용 원리(3A's)

교육기관이나 가정에서 영아와 조기중재 교육프로그램을 실행할 때, 특히 교육활동의 특성상 교사나 주양육자는 교육대상인 영아와 지속적인 상호작용을 시도하게 된다. 영아-주양육자/교사의 상호작용은 본 조기중재 교육과정의 정량적 효과(목표행동의 성취 여부)뿐만 아니라 정성적 효과를 평가하는 데 있어 중요한 기준이 될 수 있다. 목표행동 성취를 위한 영아와의 상호작용 시 반드시 지켜야 할 세 가지 기본 원리(Douville-Watsorn et al, 2003)는 영아-주양육자/교사의 언어적 · 행동적 · 정서적 상호작용의 내용을 모두 포함하고 있다.

(1) 관심 보이기(Attention)

영아가 목표행동 진행과 관련된 일련의 과정에 있어 수동적인 존재가 아닌, 공동의 목표 성취를 위한 적극적이고 능동적인 참여자로서 인식되기 위해서는 영아가 관심을 갖고 탐색하는 것에 주양육자/교사 역시도 적극적으로 관심을 보여 주어야 한다.

- 현재 진행하는 교육과정과의 관련 유무를 떠나 영아가 보이는 다양한 욕구에 관심 보이기
- 영아의 긍정적인 행동에 관심 보이기
- 영아의 반응에 관심 보이기

(2) 인정하기(Approval)

주양육자/교사가 목표행동을 성취하기 위해서는 영아의 현재 모습을 그대로 인정할 때, 좀 더 긍정적인 상호작용으로 이끌어 낼 수 있다.

- 영아의 현재 모습(예: 현행 발달 수준)을 그대로 인정하기
- 영아 모두를 평등하게 인정하기
- 영아의 긍정적인 행동과 태도에 대해 진정성 보이기

(3) 애정 표현하기(Affect)

애정 표현하기는 영아와 상호작용을 하는 과정 내내, 주양육자/교사가 영아에게 따뜻하고 수용적인 태도로 애정과 관심을 표현하는 것을 의미한다.

- 언어적, 비언어적으로 영아의 행동에 대해 애정과 관심을 표현하기
- 신체 접촉을 통해 애정 표현하기
- 수용의 눈빛으로 애정 표현하기
- 칭찬과 격려의 말로 애정 표현하기
- 영아가 필요할 때 애정 표현하기

3) 영아-주양육자/교사의 상호작용 유형

(1) 정서적 상호작용

정서적 상호작용(affectional interaction)이란 주양육자/교사가 영아에게 항상 친절하고 웃는 얼굴로 대하거나, 영아의 감정과 욕구에 대해 수용적인 태도를 보이거나, 영아의 개별적인 욕구나 감정에 민감하게 반응하고, 영아로 하여금 느낌이나 생각을 자유롭게 다양한 방식으로 표현할 수 있는 허용적인 분위기를 연출함으로써 교육활동을 진행하는 것을 의미한다.

(2) 언어적 상호작용

언어적 상호작용(verbal interaction)이란 주양육자/교사가 영아에게 안정감 있는 목소리로 이야기를 하거나, 영아의 요구나 질문에 긍정적인 언어로 반응하고, 영아로 하여금 자유롭게 생각과 느낌, 요구를 표현할 수 있도록 교육활동을 진행하는 것을 의미한다. 이때 영아의 현행 의사소통기술이나 능력의 개인차를 존중하여 주양육자/교사는 이 수준에 맞게 적절하게 반응하고, 교육대상 영아의 의사소통 관련 목표행동 성취를 위해 구체적 지원을 해 주도록 한다.

(3) 행동적 상호작용

행동적 상호작용(behavioral interaction)이란 주양육자/교사가 영아의 눈높이에 맞추어 자세를 낮추거나 신체적 접촉행동을 제공하고, 목표행동 성취를 위한 구체적인 모델링 보여 주기 등의 신체표현이나 일련의 움직임을 수반한 지원행동을 통해 영아가 긍정적인 목표행동을 성취할 수 있도록 교육활동을 진행하는 것을 의미한다.

4) 영아-주양육자/교사의 초기 안정애착 형성을 위한 상호작용 전략

(1) 다양한 상호작용 방법 사용하기

교육활동 내용을 직접적으로 가르치려고 하기보다는 활동을 매개(medium)로 영아와 밀접한 상호작용을 하는 데 중점을 두는 것이 바람직하다. 이는 목표행동 성취 여부만으로 판단되는 정량적 성과뿐만 아니라, 자연스러운 일과 내에서 영아에게 의미 있는 대상인 주양육자/교사와의 원활한 관계 형성 및 강화를 증진함으로써 영아의 전인적인 발달 및 성장을 이끌어 낼 수 있는 것에 초점을 둔다.

본 조기중재 교육프로그램을 전개하는 데 있어서도 가장 중요한 부분은 실제 교육활동에 참여하는 영아-주양육자/교사의 안정적인 애착관계 형성에 기초해 교육 활동을 전개할 때 교육 효과를 배가시킬 수 있다는 것이다.

- 영아의 눈높이에 맞춰 몸을 낮추고, 눈을 맞추면서 이야기하기
- 영아의 이름을 자주 불러 주기
- 목표행동을 이루는 데 필요한 과정과 연관된 활동/행동을 영아 스스로 했을 때, 바로 언어적 및 비언어적 칭찬(예: 웃어 주기, 머리 쓰다듬기 등)을 동시해 제공해 주기
- 영아가 주양육자/교사에게 먼저 말을 걸거나, 상호작용을 시도하거나, 또는 신체적 접촉을 원할 때는 바로 민감하고 즉각적으로 반응해 주기
- 영아가 주양육자/교사의 말을 부분적으로 알아들거나 알아듣지 못하더라도 가능한 한 자주 의사소통을 시도하기(말 걸기)

(2) 교육대상 개별 영아에 맞는 맞춤형 접근 전략 사용하기

현행 발달 수준, 기질 등 교육대상인 개별 영아의 특성에 따라 주양육자/교사의 접근 전략을 달리한다. 그리고 교육활동을 처음 진행할 때 영아가 보이는 스트

레스 신호나 단서를 민감하게 해석한다. 목표행동 성취를 위한 지도과정을 실행할 때 필요한 활동자료(예: 관련 놀잇감)를 제시할 때, 영아가 방해받지 않고 자신이 바라는 대로, 자신의 속도에 맞추어 활동자료를 충분히 탐색할 수 있도록 해 준다.

(3) 교육대상 개별 영아의 다양한 욕구에 민감하고 즉각적이고 반응적으로 응대하기

본 조기 중재 교육프로그램을 진행할 때에는 영아의 일상적 보살핌과 양육이 수반되는 수유/이유, 기저귀 갈기/배변훈련, 감정 표현하기, 옷 입히기와 벗기기, 신체적으로 접촉하기, 까꿍놀이 하기, 잠재우기, 목욕시키기 등이 주요한 교육적 요소로 연계 및 통합될 때 교육적 효과가 극대화될 수 있다.

예 월령: 0~3개월

목표행동: 우유병이나 엄마의 젖가슴을 보면 반응을 보인다.

본 조기 중재 교육프로그램에서 제시된 내용을 시행할 때, 영아의 하루 일과 유형을 3~4일 정도 세심하게 관찰 · 기록한 내용을 분석한 후 교육활동과의 연계를 시도해 보도록 한다.

☞ 영아의 하루 일과 유형을 정확하게 이해한다면 교육대상 영아가 졸릴 때, 수유/이유식을 한 직후, 낮잠에서 깬 직후 등은 피하고 영아가 보다 활발하고 적극적으로 활동에 참여할 수 있는 최적의 시간을 선정하여 교육을 진행할 수 있다.

4. 조기중재 교육과정 평가

1) 정량적 평가기준

목표행동 성취 여부는 본 조기중재 교육프로그램에서 제시하고 있는 내용에 준하여 정량적으로 평가할 수 있다.

> **예** 월령: 0~3개월
>
> 목표행동: 우유병이나 엄마의 젖가슴을 보면 반응을 보인다.
>
> ☞ 영아는 우유병이나 엄마의 젖가슴을 보면 그쪽을 향해 고개를 돌리거나 손을 뻗거나 옹알이를 하는 등 자신에게 우유가 제공될 것을 예측하는 반응 행동을 10회 시도 중 최소 8회 이상 보인다.

2) 평가 시 기타 고려 사항

앞서 제시한 특정 목표행동의 정량적 평가기준에 도달한 경우 또는 미달한 경우라도 영아 행동발달의 특성상 교육활동을 진행할 때 대상 영아의 건강 및 기분 상태, 주양육자의 일관성 있는 양육태도, 교육기관 및 가정의 물리적 환경 등에 따라 목표행동 성취 여부가 영향을 받을 수 있다. 따라서 정량적 평가기준 도달 여부와 아울러 주양육자는 지속적으로 교육대상의 개별 특성과 교육활동을 진행 시 물리적 환경 등을 세심하게 고려해야 한다.

참고문헌

서소정, 장혜성, 하지영(2008). 0~36개월 영아발달선별 검사도구의 타당성에 대한 연구. **아동학회지, 29**(5), 13-18.

장혜성, 서소정, 하지영(2007). 장애 위험군에 처한 영아 조기선별진단도구의 한국 표준화를 위한 예비연구. **특수아동교육연구, 9**(1), 265-287.

장혜성, 서소정, 하지영(2008). **영아선별 · 교육진단검사(DEP)**. 서울: 학지사.

Bagnato, S. J., Neisworth, J. T., & Munson, S. M. (1997). *Linking assessment and early intervention: An authentic curriculum-based approach.* Baltimore: Paul H. Brookes.

Douville-Watson, L., Watson, M. A., & Wilson, L. C. (2003). *Infants and toddlers: Curriculum and teaching* (5th ed.). Clifton Park, NY: Thomson/Delmar Learning.

Eliason, C., & Jenkins, L. (1999). *A practical guide to early childhood curriculum* (6th ed.). Upper Saddle River, NJ: Prentice-Hall.

Hanson, M. J., & Lynch, E. W. (1995). *Early intervention: Implementing child and family services for infants and toddlers who are at risk or disabled.* Austin, TX: PRO-ED.

memo

memo

memo

memo

저자 소개

서소정

이화여자대학교 가정관리학과 학사(B.A.)

미국 미시간 주립대학교 학사(영유아보육행정 B.S.)

미국 미시간 주립대학교 대학원 석사(아동발달 M.A.)

미국 미시간 주립대학교 대학원 박사(영유아보육 Ph.D.)

현 경희대학교 아동가족학과 부교수 및 교육대학원 유아교육전공 주임교수

장혜성

이화여자대학교 특수교육학과 학사(B.A.)

이화여자대학교 대학원 특수교육학 석사(M.A.)

미국 펜실베이니아 주립대학교 대학원 특수교육학 석사(M.S.)

이화여자대학교 대학원 특수교육학 박사(Ph.D.)

현 가톨릭대학교 특수교육과 부교수

하지영

이화여자대학교 소비자인간발달학과 학사(B.A.)

이화여자대학교 대학원 아동학 석사(M.A.)

경희대학교 대학원 박사과정 수료(아동학전공)

전 이화여자대학교 인간생활환경연구소 전임연구원 및 구립 청담어린이집 교사

현 경희대학교 아동가족학과 강사

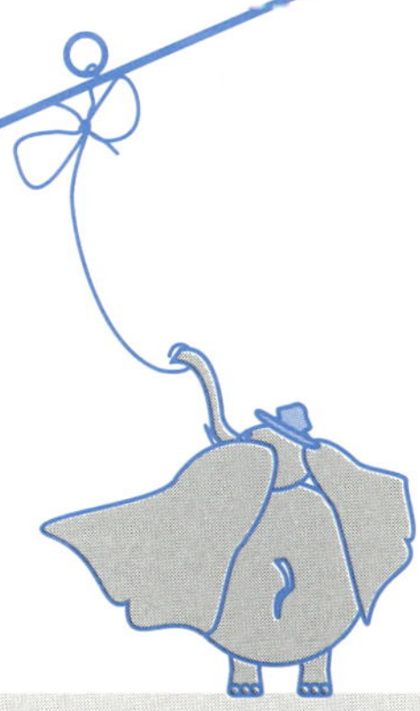

0~36개월

DEP 조기중재 교육과정 ① 매뉴얼

2010년 6월 25일 1판 1쇄 인쇄
2010년 6월 30일 1판 1쇄 발행

지은이 • 서소정 · 장혜성 · 하지영
펴낸이 • 김진환
펴낸곳 • (주) 학지사
121-837 서울시 마포구 서교동 352-29 마인드월드빌딩 5층
대표전화 • 02-330-5114 팩스 • 02-324-2345
등록번호 • 제313-2006-000265호

홈페이지 • http://www.hakjisa.co.kr
커뮤니티 • http://cafe.naver.com/hakjisa

ISBN 978-89-6330-423-6 94370
978-89-6330-422-9 94370 (set)

정가 10,000원

저자와의 협약으로 인지는 생략합니다.
파본은 구입처에서 교환해 드립니다.